JN124959

ナチ時代に旧約聖書を読む
フォン・ラート講演集

G・フォン・ラート［著］
荒井章三［編訳］

教文館

はじめに

本書は、反ユダヤ主義を公然と掲げ、『旧約聖書』を排斥しようとしたナチ時代において、『旧約聖書』のキリスト教会における重要性と、『新約聖書』との内的関係の必然性を、学的に一貫して主張した、ドイツの旧約聖書学者ゲアハルト・フォン・ラート（Gerhard von Rad, 一九〇一―一九七一）が、ナチ時代（主として、一九三四年以降）に行った講演を編集・翻訳したものである。本来ならば、同年代に書かれた論文や批評、語られた説教も含めるべきであったが、主要な論文のいくつか、「旧約における創造信仰の神学的問題」（一九三六年）、彼の独特の旧約聖書理解の根底となった「六書の様式史的問題」（一九三八年）、「六書における約束の地とヤハウェの地」（一九四三年）、「古代イスラエルにおける歴史記述の開始」（一九四四年）は、一九六九年に、すでに『旧約聖書の様式史的研究』（日本基督教団出版局）として翻訳出版しているので、それを参考にしていただきたい。

ちなみに、彼は、自分についてほとんど書いていない。W・ベームが編集した『研究者と学者』に載せられた、二頁にも満たない「ゲアハルト・フォン・ラート自分自身について語る」（Gerhard von Rad über Gerhard von Rad）はその一つである。*ここには、学者としてのあり方が淡々と述べられているが、その中で、彼は、ナチ統治下に過ごした時代を次のように要約している。

ドイツの大学教師の生活とか、大学教師になる過程は、通常は静かで、センセーショナルなものではありません。その人生が抱える緊張は、他の人生よりも多いとは言えません。それが不公平だとも思いません。現実離れしているのでしょうか。だが大学教師には、特別な種類の現実に直面するならば、それを知らない多くの人々に代わって、その現実を明らかにする義務があるのではないでしょうか。ところが、ナチが旧約聖書を激しく攻撃し、粗野に否定し、広い範囲にわたって混乱を引き起こしたときには、状況は、危機的となりました。このような主張が旧約聖書学を襲い、ほとんど完全に武装解除してしまったからです。聖書学は、無菌の史的認識が持つエートスへの宗教的な真面目さの中で育ってきましたので、決断を必要とする状況では——神学者はそれを"in statu confessionis"（告白的状況で）と言うのですが——公然と、つまり政治的な場において、旧約聖書を受け入れるには至りませんでした。私が学生たちや、牧師の集会や、公的ではない教育機関、教会の集まりで行った数多くの講演などは（たいていの場合、講演の後で激しい討論が交わされました）、幸運なことに、現在ではもうすることはありません。当時は、時を奪う旅が、戦争のときはより困難なものであり、本来私に課せられた学問研究から、私を遠ざけるかのように思うこともありましたが、このような務めが、私の「学ぶために読み、教えるために読む」ということに、少しばかり役立ったかもしれません。

ここには「神学者は、『告白的状況』に立って、命を賭けて闘わなければならない」ということが強調されている。拙訳の論文集に掲載された、論文はすべて、一九三四年以降に書かれている。つまり、フォン・ラートは、最も至難な状況の中で書いていたのである。それと同時に、彼は「告白教会」に与する者として、研究の他に多くの講演を行った。ここに訳出した講演録は印刷されて残されたもののみである。その他にも、いくつかの講演手稿が残されているが、年代不詳なので割愛することにした。彼の最初の講演は、イェーナに移る一九三四年の二月にアルト、ベークリヒと共に、ライプチヒで行ったものであるが、彼のデビューを記念して掲載することにした。

彼が過ごした精神的に過酷な状況を知っていただくために、「イェーナ時代のG・フォン・ラート」、および、「ドイツ・キリスト者運動」の究極の結果とも言える、「『神の使信』(『ドイツ・キリスト者(ナチ)版新約聖書』)について」を補論として追加させていただいた。

＊この他には、『ハイデルベルク・アカデミー就任講演』(Antrittsrede als Mitglied der Heidelberger Akademie der Wissenschaften, in Sitzungsberichte der Heidelberger Akademie der Wissenschaften. Jahrheft 1955/56, Heidelberg, 1957)と、没後、ルイーゼ・フォン・ラート夫人によって出版された『戦時捕虜時代の思い出』(Erinnerungen aus der Kriegsgefangenschaft Frühjahr 1945, Neukirchener Verlag, 1976)があるのみである。

目次

装丁　桂川　潤

ゲアハルト・フォン・ラート自分自身について語る（一九六六年）

　私の大学教師としての課題は、今も昔も、学ぶために読み、教えるために読むことでした。現代に比べて、書くことも読むことも少なかった古代の民の文学、したがって、より深く考えて、一つ一つの言葉により大きな重点が置かれ、独特な特徴の備わるように書かれた古代の民の文学と正しく付き合うことは、いくら努力しても——例えば演習で——完全に習得できる人は誰もいないでしょう。古代の聖書のテキストというものは、日々頭を悩ませている問題から一気に迫ろうとするならば、不愛想に姿を隠してしまいますが、自由な気持ちになって、そのテキストが置かれている緊張を流し落としてやろうと試みるならば、すばらしい仕方で、以前にはまったく感じられなかった現実が浮かび上がってくるという、学生にとっては、まずはがっかりするような知識を、繰り返し教えなければなりませんでした。

　現代の読者に対して、旧約聖書のテキストの現実を浮かび上がらせるには、私たちがこの学問に入った当時は、もちろん難しい時代でした。前世紀の歴史批評学と、その代表者の多くにとって——ドイツの聖書学を世界的なものにしたのですが——、そのようなことは重要ではありませんでした。それだけではありません。この研究世代の記念碑的な論文や註解書の多くは、現前するテキスト、物語とはあまり関わらなくて、それらの成立、文学的、説話史的、もしくは、神話的な前段階を重要視したのです。なんという多くの博識や鋭い洞察が、例えば、創世記の原初史や、族長物語の解釈に注がれたことでしょう。しかし、私は、すでに早くから、テキストをその最終の形と、その文脈の枠の中で正確に理解するという努力が欠けている限り、学ぶために読む、教えるために読むことには、何かが合わないのではないかと、不安に思っていました。したがって、課題は、「霊的な」強制力なしに、テキスト全体への道、とりわけ、大きな文学的な構成の意味構造を再発見することにありました。それぞれのテキストは、偶然にそこに当てはめられた成分ではないのです。ここでは、両者は互いの解釈に役立つはずです。つまり、個々の物語が大きな全体構成の理解に役立ち、その逆もまたあてはまるのです。イスラエルの民は、まさに――古代オリエントの民族の中では唯一なのですが――、つねに新しく、大きな歴史著作を企画したのです。つねに新しい視点のもとで、自らを神の導きの対象として理解する必要性の前に立ったからです。これらの歴史著作は、この民族の歴史をかなり正確に再構成するためにわれわれに役立つ、すばらしい記録としての資料を含んでいますが、これらの著作に関して、歴史家として、それらの歴史資料としての特質の中で、これらの著作を探り出すという私たちの仕事はまだ終わっておりません。それらは、特別に告白的な特質の中で真剣に取り上げられねばならないのです。つまり、これらは、イスラエルが自らをその歴史から描き出したに違いないし、それ自体、かなり高い精神的な要請と神学的な重点から行われた業績として、取り上げ、研究し、評価されねばならないのです。

ドイツの大学教師の生活とか、大学教師になる過程は、通常は静かで、センセーショナルなものではありません。その人生が抱える緊張は、他の人生よりも多いとは言えません。それが不公平だとも思いません。現実離れしているのでしょうか。だが大学教師には、特別な種類の現実に直面するならば、それを知らない多くの人々に代わって、その現実を明らかにする義務があるのではないでしょうか。ところが、ナチが旧約聖書を激しく攻撃し、粗野に否定し、広い範囲にわたって混乱を引き起こしたときには、状況は、危機的となりました。このような主張が旧約聖書学を襲い、ほとんど完全に武装解除してしまったからです。聖書学は、無菌の史的認識が持つエートスへの宗教的な真面目さの中で育ってきましたので、決断を必要とする状況では――神学者はそれを"in statu confessionis"(告白的状況で)と言うのですが――公然と、つまり政治的な場において、旧約聖書を受け入れるには至りませんでした。私が学生たちや、牧師の集会や、公的ではない教育機関、教会の集まりで行った数多くの講演などは(たいていの場合、講演の後で激しい討論が交わされました)、幸運なことに、現在ではもうすることはありません。当時は、時を奪う旅が、戦争のときはより困難なものであり、本来私に課せられた学問研究から、私を遠ざけるかのように思うこともありましたが、このような務めが、私の「学ぶために読み、教えるために読む」ということに、少しばかり役立ったかもしれません。

私は今ではもう年老いています。かつて私が読み、教えたときの感動は、静まってしまっています。しかし、この感動に、時折、強力な印象が場違いのように、より大きな必要な関わりの中に収めることができない悲しみが混ざることがあります。そのような時は、学ぶために読み、教えるために読むということにつねに心がけるのですが、満足のいく目的にはほど遠いです。

原題　Gerhard von Rad über Gerhard von Rad.
in: Forscher und Gelehrte, Hrsg. von W. Ernst Böhm in Zusammenarbeit mit Gerda Paehlke, Battenberg Verlag
in Stuttgart 1966, SS.17-18.

G・フォン・ラート講演集

アブラハム・イサク・ヤコブの神（一九三四年）

新約聖書の冒頭には、「アブラハムの子、ダビデの子、イエス・キリストの系図」と書かれています。そして、マタイによる福音書一章全体は、贖い主がアブラハムとダビデを出自とすることを証明するためだけに用いられています。このようなイエスとイスラエルとの関係がこの福音書の冒頭でこれほど徹底的に記されているということは、最初の証言者たち、使徒たちが、きわめて本質的な何かを人々に明らかにしようと思っていたことを示しています。しかし、私たちは最近、イエスをこのような独特な関係を離れて見ることに慣れてしまっています。そのことから、一方では繊細な、一方では大雑把な捻じれの多い現代のキリスト像が出てきているのです。

旧約聖書は、アブラハムについて何を語っているのでしょうか。神がアブラハムという名前の男性をメソポタミアから呼び出し、カナンへと導いたこと、彼に一人の息子を約束し、さらに子孫に非常にすばらしい約束を与えたことが書かれています。創世記の最初の一一章を少しでも知っている人であれば、それに続く章で、孤独な一人の人がその中心に立っているこの物語を読むとき、この二つの部分でのテーマの大きな変化に驚きを隠せないでしょう。最初の一一章では、人類の問題と普遍的な問題、つまり罪、苦しみが扱われ、また神が不文律としてノア以降の人々に等しく与えられた規則（血に触れてはならない）が書かれています。つまり、神と全人類との関係に関わる問題です。そして、一一章の後に、裂け目が入るのです。最後の（バベルの塔建設の）物語は、神に対する人間の思い上がりを明らかにしています。神は裁きによって、本来、人類に与えられていた一体性を解消されます。そして、民は神の顔を避けて、一様に神から離反するのです。あたかも、神が彼らを見捨てられたかのように見えます。

ところが、神はここで、一人の人に目を向けられるのです。諸民族の世界は、神との関係で大きな問題を未解決にしたまま、読者の前から姿を消します。そして、個人と神との関係が物語の前面に出てくるのです。この個人は、神の忠告に従いつつ、一つの線の最初の人、つまり家族、そして最終的には一つの民の始祖となります。彼には、豊かな神の祝福が与えられることになります。しかし、神の救済の意図が不思議な仕方で、一人の人に限定されるここでも、諸民族の世界は、読者の視野からは完全には消え去ってはいないのです。旧約聖書は、ほとんど全体にわたって、自己限定的な神の選びの道のりを示しているのですが、その長い道のりの冒頭に、このアブラハムという一人の男性を選ぶのは、「彼において、地上のすべての民が祝福されるためなのです」（創世記一二章三節）という目的がほのめかされています。これが、旧約聖書の最大の謎なのです。しかしながら、イスラエルが、いかなる時にも、いかなる場合にも、諸国民に対する神の民の仲介役としての自覚を持っていたと考えてはいけません。とはいえ、神が失われた人類と共に歩み始められた、この新しい道を述べるこの語り手は、イスラエルが、この神の計画の中で通過地点的な役割を果たす者として受け入れられたことを知っていたのです。そして、この語り手の後に出てくる預言者たちも、そのことを知っていて、イスラエルによって仲介され、イスラエルにおいて実現された救済が、遠く遠くイスラエルの境を越えて広まっていくことを告知しています。

このことは、旧約聖書の観点から見て、何を意味するのでしょうか。近づきがたい聖なる神が――すべての人は、その神の前では「ちりと灰」でしかないのですが――直接、個々の人々と関係を持っているということを理解できる人ならば、全人類と神との間で、最初から最後まで演じられてきたことが、族長物語においても、ある意味で、繰り返されていることを理解することができるはずです。つまり、いったいどうすれば、神と罪ある人との関係が成り立つのかという問いがここにはあるのです。あの悪名高い堕罪物語は、いかに人間がつねに新たな弱点と罪科によって、約束実現を脅かしているのか、それにもかかわらず、神が人間の罪の深淵を超える大きな約束を繰り返し与えられるのはなぜなのか、それを示そうとしているのです。では、族長物語の中から、いくつかの例を挙げて示したいと思います。

しかし、その前に、一つの問いに答えておかなければなりません。族長はいったい歴史上の人物だったのでしょうか。今のところ、現代の歴史学では明らかにすることはできないでしょう。しかし、少なくとも、このような伝承は、何百年にわたって伝えられてきた素材ですから、いわば歴史的に真空な空間に吊り下げられてきたのではなく、はるかに遠いとはいえ、歴史の中で、つねに何らかの現実に支点を持っていたということは、念頭に置いておかなければなりません。しかし、もっと重要な点が別にあります。先に挙げた物語は、史的に忠実に伝承されたのではなく、ここに登場する人々は、後に続く世代の信仰によって、引き続き形づくられていったという点です。つまり、これらの物語は、新しい内容も注ぎ込まれた、いわば容器であったのです。そして、つねに繰り返される基本的な信仰の問いかけと回答を見出すことのできる人生の見方の素材となっていたのです。

古代ゲルマン英雄叙事詩の主人公であるディートリッヒ・フォン・ベルン（Dietrich von Bern）は、実のところ、史的な人物でもあり、そうではない人物でもあります。この伝説を通して、人々は自分の思い通りに、彼を理想化し、まったく特定の徳目の代表者としたからです。ただ、聖書の物語の場合では、自由奔放なファンタジーではなく、信仰が人物たちを形成していったという違いがあります。例えば、アブラハムに関する最初の物語が、彼がどのようにしてメソポタミアからカナンに移動したのかを語るとき、この物語は明らかに、イスラエルの先祖の史的で地理的な由来について、具体的な何かを語ろうとしているのは明らかですが、実は、それ以上のことを語ろうとしているのです。アブラハムは、この物語では、単純に言えば神の民を体現しています。あるいは、もっと思い切って言うならば、教会を体現しているのです。この物語では、イスラエルは自らを諸民族から取り出されたもの、孤立した存在と見なしており、そして、神に導かれて向かって行く彼らの未来の暗黒さを見ているのです。この最初の語りは、すばらしい表現力でアブラハムが無言で神に従ったと述べています。彼は一言もしゃべりません。彼は生まれ故郷、父の家を離れて旅立ち、神のみが知る目的地へと向かうのです。

それに続く物語は、まったく別の性質を持っています。アブラハムは、飢饉がきっかけでエジプトに行きます。しかし、妻が美しいことが原因となって、自分の命が脅かされるのではないかと心配になって、妻サラを自分の妹と偽るのです。実際、サラはエジプト人たちの興味を引き、宮廷の人々を通して、ファラオのハーレムに召し入れられてしまいます。アブラハムも兄として厚遇され、多くの贈り物を与えられます。そこに神が介入されるのです。ファラオはサラをハーレムから追い出し、アブラハムもみじめにエジプトを去らざるをえませんでした。この素朴で粗野な感覚を持った物語が、ユダヤ地方の羊飼いたちの間で広く流布していたこと、また、冗談として語られ、悪ふざけをしたことの結末が面白がられていたという可能性は除外できないでしょう。しかし、世界文学に肩を並べるほどの私たちの語り手が、世界に広まる約束を語った後に、このような性質の悪い物語を続けるには、理由があるのです。語り手は、たとえ約束の担い手であっても、大きな誤りに落ち込むことがあることを、神学的な定式を用いずに、示したかったのでしょう。神が救済の業を始めるや否や、人間は、不信仰を通して、自分を危険に曝すとしか言いようがありません。なぜなら、民の始母となるはずの人が、ファラオのハーレムに消え去るという簡単な物語形式を使って、神の約束が人間によって反故にされてしまうという最大の脅威が描かれるのです。この奇妙な物語は何を意味し、教えているのでしょうか。神は自分の約束を見守っておられ、その約束を実現するのは、この物語が示すように、人間ではなく、ただ神だけなのです。この過大な不信仰ですら、神の業を妨げることはできないのです。

ヤコブの欺きと祝福の物語については、詳しく述べる必要はないでしょう。そこでは、きわめて人間的に話が進んでいることを誰もが知っており、それを何らかの仕方で美化する理由は私たちにはありません。また、私たちは、リベカが果たしている役割の中に、昔の註釈者——宗教改革者もそうだったのですが——が考えたような、神の計画を推し進めようとする大きな信仰の行為を見ようとは思いません。この物語の登場人物にとっては、たしかに神的なもの、祝福が重要なのですが、彼らはまったく人間的に本能的に振る舞っています。そして、それゆえにこそ、彼らは互いにつらい目に遭わなければならないのです。老人は願いがかなわずに死に、母は自分の愛する子を手放さなければなりません。兄弟は血を流して憎み合います。これで家族は完全に分解します。この人々が争い合って求めた祝福は呪いとなってしまいました。――しかし、神はこのような混乱の背後におられて、救いと祝福の業を行われるのです。聖なる方を嘲弄したその人は辱めを受け、彼は「私は、あなたが僕《しもべ》に示してくださったすべての慈しみとまことを受けるに足らない者です」という言葉を口にするのです。そして再び故郷の地に入ろうとしたとき、ヤコブは神と闘わざるをえなくなり、そして、今まで なら欺きによって簡単に手に入れることのできると思っていた祝福を、嘆願せざるをえなくなるのです。「祝福してくださるまで手を離しません」。

ヤコブがヤボク川で神と闘ったという、神秘のヴェールで覆われた物語（創世記三二章二三節以下）について、一言だけ付け加えておきたいと思います。ある夜のこと、家族と所持品をすべて運び終わって、ヤコブがただ一人でヤボクの渡しを渡ろうとしたとき、この世の者ではない何者かが、彼に襲いかかり、そして、ものすごい闘いが夜の明けるまで繰り広げられます。この物語では、神が、この世の者ではない人の形をとって、ヤコブと闘っていることは明らかです。闘いの後、ヤコブがイスラエルと改名させられるからです。「お前の名はもうヤコブではなく、これからはイスラエルと呼ばれる。お前は、神《エル》と闘って勝ったからだ」（創世記三二章二九節）。イスラエルとは、まさに神の名称です。このように、この物語もまた、典型的に通用する話に拡大されているのです。まったく威厳のないヤコブの中に、イスラエルが肉体化されたのです。これは、ヤコブ物語から明らかになる信仰の証しです。つまり、神の憐れみは、きわめて問題のある人物と関わっており、神は人の罪の向こうに、いや、それを貫いて、御国を造られるのです。

もう一度、アブラハムに戻りましょう。さまざまの話の中で、厳かに、かつ仰々しく繰り返される子孫の約束が、信仰の難しいテストとして具体的に示されるのです。人間の信頼性を必要としない、この大きな約束をめぐって、アブラハムの信仰がどこまで続くのか、それとも、断絶するのか、アブラハム物語のほとんどすべてがこのテーマをめぐって進行します。しかし、神がアブラハムに授けられた子を捧げよと語られるとき、神の行動の不可解さが最高潮に達するのです（創世記二二章）。この物語の冒頭には、これは信仰の試みであると述べられています。そのことによって、たしかに、この物語の鋭敏な矛先が折られてしまっています。それだけに、私たちはますます熱心に、この内的な意味を求めることになるのです。これは、もちろん、私たちがつねに繰り返し出会う、信仰が要請するラディカリズムです。しかしながら、私たちをこれほど憤慨させる箇所は他にはないでしょう。まさに、始祖と関わってきた神が、すべてを要求できる神であり、条件づきではない、まったくの服従を要求する神だということだけは間違いありません。この物語は、人間的な理性から出てくる要求に対して、神の意志の絶対的自由を確保しているのです。このような譲歩しようのない主張に抵抗しようと試みる人は、イエスの言葉を思い浮かべるでしょう。「もし、誰かが私のもとに来るとしても、父、母、妻、子供、兄弟、姉妹を、さらに、自分の命であろうとも、これを憎まないなら、私の弟子ではありえない」（ルカによる福音書一四章二六節）。しかし、このイサク奉献の物語は、重要な展開を通して、広がりのある内容を語っています。犠牲とされるイサクはまさに約束の子です。この子の中に、神が救済の約束として、イスラエルを越えて広く及ぶ祝福として与えたすべてが集中しているのです。もしアブラハムが、このような子を捧げることができるかどうか試されるならば、彼は人として、（たとえ、正当な主張ができたとしても）自分の主張をしないことは明らかでしょう。イサクの中に胚芽として肉体化している賜物は、まさしく神のもの、純粋な贈り物であり、人が獲物のように自分のものにすることはできないからです。そして、神の民もまた自らを、この際立った物語を通して、神の自由な賜物と見なしたのです。イスラエルの中で神によって構想されているもの、偉大な約束として付与されているものは、すべて神から来るのであり、決して人間の権利から出てくるのではないのです。そのような信仰によって、彼は保証され、信頼されているのです。

私たちは、神についての基本的な証言や、神がこの地上で始められたことが書かれている族長物語の例を他にもたくさん見つけることができるでしょう。しかし、これらの物語が持つ芸術的な様式について、簡潔で大胆な方法で、忘れることのできない美しさの状況を展開する不朽の文学（Poesie）についてお話ししなければなりません。さらにそれ以上に、倫理的には最高の疑わしい出来事についてもお話ししなければならないと思います。それらを正しく読むことを、私たちは、最初に学ばなければならないからです。この民は、他の民族とは異なり、自分たちの先祖を理想化したり、倫理的に美化したりしていないことは、注目に値します。そこで、神が自らを啓示されたのは、イスラエルの民に、人間の本当の姿を明らかにするためだったのではなかったのかと、私たちは問わざるをえないのです。私たちがこれらの物語に対して、あたかも、ここには、倫理的振る舞いの例が書かれているだけだと憤慨するとしたら、それは、私たちの感性のなさを示しています。信仰深い人にも、少ない人にも、神の業は示されるはずであり、神が罪ある人すべてに祝福の約束を保持されるだけでなく、約束の担い手の弱さにおいてこそ、神の業を栄光へと導かれるということが、明らかにされるのです。このまったく価値のない人間に対する神の業については、新約聖書の方が理解しやすいと主張できる人は誰もいないでしょう。このように、族長物語では、真の人間性が堂々とした力と威厳を持って繰り広げられるのですが、しかし、同時に、底知れぬ破滅がほとんど無制限に働いているとも述べられているのです。しかし、私たちにとっては、これらの物語が示している人間性が最も重要なのではありません。それらが――それぞれ独自な仕方で――証言している神の方が重要なのです。この神は、族長の近くにおられるだけでなく、彼らの下に自ら下ってこられるのです。アブラハムが後に（旧約の領域ではおよそ前代未聞の）神の「愛する友」（イザヤ書四一章八節）と呼ばれるほど近くに来られるのです。しかしながら、この神の選びは予測不能です。神は誰の判断にもコントロールされないで決断されるのです。多くの民族の中から、一人の男アブラハムを召し出したのも私たちの想像を超えています。イサクはイシュマエルよりも、ヤコブはエサウよりも優先されます。昔から続いてきた人間の権利――長子権！――でも例外ではありません。それは、神が「地位のある者を無力な者とするため、世の無に等しい者、身分のいやしい者や見下げられている者を選ばれたからです。それは誰一人、神の前で誇ることがないようにするためです」（コリントの信徒への手紙一、一章二八節以下）。年を取り、目が見えないヤコブが、自分の息子たちを祝福しようとしたとき、ヨセフは、自分の二人の息子にも祝福を与えてもらおうと思って、長子のマナセをヤコブの右に、エフライムを左に座らせます。しかし、ヤコブは、手を交差させて、右手をエフライムの頭の上に、左手をマナセの頭の上に置きます。ヨセフは父が間違ったのではないかと思い、変えようとします。しかし、ヤコブは「分かっている。わが子よ、私は分かっている」と言います。この目の見えない老人は、何を知っていたのでしょうか。

そして、アブラハム、イサク、ヤコブの神は、「まだない」という状況の中、つまり、約束だけの中に立っているものとしての族長たちが信じなければならなかった神なのです。彼らが生活している土地は、「異国人の土地」であってまだ自分たちの土地ではありません。しかし、死ぬときには、アブラハムが、将来の手付として、先住の民から買い求めていた土地の片隅にたしかに憩うのです。そうです。なぜ、昔の解釈者たちが、旧約聖書の中に、新約聖書の「予型」や「模範」を見つけたのか、私たちにはよく理解できるのです。

マタイによる福音書が伝える長いイエスの系図の先祖たちの中に、不思議なことに、四人の女性の名を読むことができます。彼女たちは、無作為にちりばめられているのではなく、そのつど、イスラエルの影の部分に出てきます。近親相姦のタマル、遊女ラハブ、モアブ出身の女性ルツ、正式でない妃バト・シェバです。これら多くを語らない人々は、神が自ら油を注いだ者を来たらしめる道であることを明瞭に語っています。しかし、これは道を示しているだけではありません。この四人の名前は、なぜイエス・キリストが人として生まれてこなければならないか、つまり、人間の本質が示されているのです。イエス・キリストの父が、アブラハム、イサク、ヤコブの神であるということが、これ以上に、はっきりと告げられる箇所はないでしょう！

原題　Der Gott Abrahams, Isaaks und Jakobs.
„Neues Sächsisches Kirchenblatt“（『新ザクセン教会新聞』）Leipzig, 9. Dezember 1934 Nr.49, Sp.773-780.

旧約聖書——ドイツの人々に対する神の言葉（一九三七年）

ドイツ民族には、宿命的に、政治的な課題のほかに、もう一つの特別な課題が課せられているように見えます。つまり、精神的、宗教的な問題が、政治的な存在という基本的な問題と並んで、つねに徹底的に論じられてきたのです。今日、再び、先祖から受け継いできたことのすべてを、根底的に検討しようという考えが、最後に残った信仰問題に関して出てきています。そして、最も熱心に検討されているのは、明らかに、キリスト教の大切な書物の一つである旧約聖書です。この論争があらゆる不快感をもたらすとしても、論争そのものとしては非難することはできません。精神的財産も、また時と共にかび臭くなり、死滅してしまうことはありうるからです。キリスト教が自分のものに確信があれば、このような試練を恐れる必要などありません。しかし、キリスト教を徹底的に検討する人が、キリスト教信仰が本来何であり、何であろうとしているのかについて、ただちに、大きな考え違いをしないということが重要です。もちろん、キリスト者が旧約聖書をいかに読むか、いかに読まないかについて、まったく知らない人にとっては、あらゆる理解は最初から不可能です。

現在の旧約聖書をめぐる闘争の中で、基本的な誤解が著しく大きな影響を与えています。旧約聖書に出てくる人々は、多くの過ちや罪科を持った人たちであるから、模範にも理想像にもなりえないという、繰り返し唱えられる異論がそれです。これは、旧約聖書の信仰にとって何が本質かを見逃した、的外れの非難です。旧約聖書の人々には、彼らに特有な性質などありません。彼ら自身は特別に善良でもありませんでしたし、特別に悪人でもありませんでした。ある人々は優れており、徳を有していましたが、ある人々は、明瞭な欠陥を持ち、芳しくない性格を持っていました。その点に関しては、旧約聖書のイスラエルが、他の民族に比べて飛び抜けているわけではありません。しかし、旧約聖書には、あまりにも多く、罪ある人々が登場するではないか、例えば、ヤコブの欺きや、ダビデの不倫、その他もろもろのことが語られているではないかと、人々は言うのであります。この点については、ここにこそ、私たちにとって旧約の民の意義が存在すると答えざるをえません。彼らの民の願いを配慮することなしに、神の戒めを宣べ伝え、その罪を人々に示す人々が立ち上がったからです。そのことについては、歴史書の中の物語が至るところで語っています。

歴史書の中の物語

ダビデの不倫を例に取り上げましょう。イスラエルはダビデの時代当時、まだできたばかりの国であり、民はこの偉大な王を愛し、尊敬していました。事実、サムエル記下一―二四章のダビデの統治期間の叙述では、全体的にダビデに対する尊敬の念と驚嘆が述べられています。その王がウリヤの妻との不倫というきわめて恥ずべき罪を犯したのです。王は、戦場にいたウリヤを王宮に呼び戻し、「いろいろ画策したのち」「ウリヤを前線に出して戦死させせよ」という戦場にいる司令官宛の手紙をウリヤ自身に持たせ、ウリヤを戦死させ、ウリヤの妻を強引にわがものとしたのです。王を許すか弾劾するかについて、民の判断が分かれていたところに、預言者ナタンがダビデのもとに現れ、神の名において王の罪を咎めます。ここで事情が変化します。神が預言者の口を通して、厳しい言葉を語るとき、人はもはや弁護もごまかしもできません。かくして、この出来事はイスラエルの歴史書に書き込まれることとなったのです。イスラエルの偉大な王の姿を損なわせる、このような容赦のない誠実さに、私たちはむしろ驚くのであります。民は、神とその戒めをほめたたえなければならなかったからです。

旧約聖書の歴史書の中には、人々が神の明白な意志に反して行動した場合、このような遠慮会釈のない厳しい判断がつねに見られるのです。これは、ファリサイ的な義務ではなく、生ける神に対するまったく内的な義務なのです。

ギデオンはたしかに、王制以前の輝かしい勇士の一人であり、彼の行った偉大な行為については多く語られています。しかし、最後には、やはり打ち倒されたのです。彼は、戦利品のすべてを使用して偶像を造らせたからです。これもまた、この民の戦争の歴史、文化史から見れば、一つの些細な出来事でしかありません。戦争の歴史や、その他、政治的出来事を叙述しようとする歴史家であれば誰でも、このようなことは見過ごしたに違いないでしょう。神と共にある民の歴史を叙述することを、とりわけ重要視した歴史家であればこそ、この重い罪をもみ消すことは許されなかったのです。

そして、このことは、旧約聖書のすべての歴史書に当てはまるのです。それらは、とりわけ、民と神との関係を叙述しようとしたのであります。彼らは職務上から、民の罪、忘恩、頑迷を繰り返し報告せざるをえなかったのは不思議ではありません。これら、神から遣わされた人々の務めは重く、困難を伴うものでしたが、民に向かって神の意志を繰り返し提示しました。多くの人々は、誤った温情から、民に向かって（彼らもまた民を愛していたから！）厳しい決断を回避したいという誘惑に駆られたかもしれません。しかし、彼らが神の問いの重大さと責任とを回避しなかったことが、まさに真の愛の証明なのです。ヨシュアは、カナンに移り住んだ直後、民が多くの新たな誘惑に囲まれたとき、シケムにすべての民を集め、明白な決断の問いを出しました。

「もし、お前たちが主に仕えることを好まないのであれば、今日、仕えたいものを選べ。しかし、私と私たちの氏族は、ヤハウェに仕えるであろう」。（ヨシュア記二四章一五節）

この奇妙な仕方で導かれていく民の歴史の頁をさらにめくっていくならば、四百年後に、同じような人物に出会うのです。カルメル山上のエリヤです。

彼は民に立ちはだかり、巨大な力をふるい、「お前たちはなぜ二つの間で揺れているのか。主が神であるなら、主に従え。もし、バアルが神であるなら、彼に従え」と言って、優柔不断の群衆から決断を引き出そうとします。彼らは、少しばかり、神を信仰し、少しばかり「自然」への信仰という意味であれば、信仰を持っていたと言えるでしょう。民は「宗教」を持たなかったわけではありません。しかし、神への決断は持っていなかったのです。エリヤのこのような民との闘いの中で、多くの血さえも流されるほど、彼にとって、神への決断は重要な事柄でした。

前に述べたように、これらの神の人たちは、厳しく語らなければならなかったのですが、民を熱く愛していました。しかし、一つのことに関して――それは、きわめて重要なことであったのですが――民を信用していませんでした。つまり、イスラエルの民が、自ら、正しい神の認識を持っていると思っているのではないか、そして、民の声がそのまま神の声だと考えたのではないかと。預言者たちは、人間が生ける神の意志について自ら知ることはないという基本概念から出発しています。もし、神が自分の意図を、シナイ山上でモーセを通して（とりわけ、十戒において）知らせていなかったならば、預言者たちは、民とこのように鋭く対決することは許されなかったでしょう。そして、イスラエルの民も、何が人間に対する神の意志であるかについて、おぼろげな予感ぐらいしか知っていなかったことになるでしょう。しかし、イスラエルの民は、モーセが民に神の啓示を仲介したことを知っていたのであり、それゆえ、預言者ミカは、これより何世紀か後に、当時の人々に向かって、この啓示された神の意志を語りかけることができたのです。

人よ、何が善であり、主が何をお前に求めておられるかは、お前に告げられている。
つまり、神の言葉を守り、愛を行い、へりくだってお前の神を畏れることである。

（ミカ書六章八節）

私たちは安んじてこう言うことができます。イスラエルの民にこのような神の意志が啓示されていなかったならば、この民は、私たちにとっては一つの歴史的な事実でしかありません。そして、もしキリスト教にとって、この遠い過去の民族の精神生活に没頭することだけが重要だとしたならば、私たちの古いドイツとゲルマンの神話、言い伝え、童話の方が、私たちにより身近になると、たしかに言えるかもしれないのです。しかし、ここで重要なことは、人間精神が生み出したようなものではなくて——それはそれで価値あるものかもしれませんが——、啓示された神の意志なのです。そして、この神の意志は、過去のイスラエルの民にとって、遠くもあり、近くでもあったように、今日の私たちにとっても、遠くもあり、近くもあるのです。遠いという意味は、神の戒めを、生まれながら与えられた遺産として、自らの精神の中に等しく持っている民は、まったくいないからです。ある意味では、この神の意志は、あらゆる民族、あらゆる個人にとって「異質な」ものです。しかも、そのつど、大きな驚きと、それに対する抵抗なしには、与えられないのですから、なおさらです。まさに、イスラエルがシナイにおいて、神に恐れを抱き、モーセに嘆願をしたときのようです。

「あなたが、私たちに語ってください。私たちは聞きます。神が私たちにお語りにならないようにしてください。そうでないと、私たちは死んでしまいます」。（出エジプト記二〇章一九節）

さて、しかしながら、この神の意志は民に与えられました。神はつねに繰り返し、神の名において民に語り、民を神へと呼び出す人々を任命したのです。こうして、神は民の近くにおられるのです。民は「神に直接」理解を求めることはできませんが、民はくよくよ悩むことはありませんし、オカルト的な方法で神に近づく必要もありません。

「私が今日あなたに命じるこの戒めは難しすぎるものでもなく、遠く及ばぬものでもない。それは天にあるものではないから、『誰かが天に上り、私のたちのために、それを取ってきて聞かせてくれれば、それを行うことができるのだが』と言うには及ばない。海のかなたにあるものでもないから、『誰かが海のかなたに渡り、私たちのために、それを取ってきて聞かせてくれれば、それを行うことができるのだが』と言うには及ばない。み言葉はあなたのごく近くにあり、あなたの口と心にあるのだから、それを行うことができる」。

（申命記三〇章一一―一四節）

さて、今まで語ってきたことを考え合わせるならば、私たちは、イスラエルが自ら、神の意志を喜びと慰めをもって、自分のものとしたと想定することはできないでしょう。しかしながら実は、この民の中には、いつの時代にも、神から直接語られたことを、多くの不安にもかかわらず、貴重なものとして理解した人々が存在していたのです。なぜなら、神は戒めを民の重荷として与え、民を悩ませたのではなくて、民を自らのもとに召し出すために与えられたのです。神が民に聖なる規則を啓示されたということを知るならば、神が民をわがものとし、神の前で、神の近くで生きることを望んでおられることをはっきりと知るのです。これは、イスラエルが繰り返し、熱い心をもって、感謝することのできる恩寵なのです。

詩編一一九編はきわめて長い詩編で（大抵の人は読み飛ばしてしまいますが）、一七六節全体が一つの賛美であって、このような神の関与に対する熱心な感謝の歌になっています。

この仮の宿にあって、あなたの掟を私の歌とします。主よ、夜ごとに、御名を唱え、あなたの律法を守ります。あなたの命令に従うこと、それが私の宝です。

私は、あなたの律法をどれほど愛していることでしょう。私は絶え間なく、それに心を砕いています。

あなたの御言葉は、私の道の光、私の歩みを照らす灯です。

あなたの定めは驚くべきもの、私の魂はそれを守ります。

御言葉が開かれると、光が射し出で、無知な者にも理解を与えます。

あなたの御言葉はまさに真理です。あなたの正義の裁きも永遠に続きます。

私が小羊のように失われ、迷うとき、どうか私を探してください。あなたの戒めを私は決して忘れません。

（詩編一一九編五四―五六、九七、一〇五、一二九、一三〇、一六〇、一七六節）


ここで、異論を差し挟む人がいるかもしれません。世界を治める神によって、このように特別な意味で呼び出されている、つまり「選ばれている」という意識は、このような小さな民族の場合、単純に鼻持ちならない傲慢ではないかと。そのような異論に対しては、このような意識は決して節度のない国家的傲慢から出たものではなくして、イスラエルが、このような特別な関係の中で、神と相対しているからであり、神との直接的な近さの中に存在しているからだと申し上げるだけで十分でしょう。

このイスラエルが、その信仰の長い歴史の中で、神の自由な意志によって選ばれたことを最高に驚くべきことと考え続けていたと、イスラエルの名誉のために言ってもよいと思います。

族長物語

このことは、選びの事実と関わっている族長物語を正しく読むことを学ぶならば、とりわけ明白になるのです。すべての民族は、昔から、自分の先祖に関する伝承を保持し、大切にしてきました。それと同じように、イスラエルもまた、太古の事柄と関わっています。しかし、これらの族長たちの人物像を美化することによって、彼らを通して自分たちを栄光化するのではなくして、イスラエルは選びの奇跡を繰り返しありありと想い起こすために、アブラハム、イサク、ヤコブと関わってきたのです。民の族長たちのところで、奇跡が起こったのです。神は彼らに近づき、罪ある人々との交わりを持たれたのです。神はアブラハムを召し出し、未来への暗い道を歩むよう命じられました。この選びと召し出しによって、神は何を目的とされたのでしょうか。人間の判断からすれば、意味のないわがままな行為のように見えるかもしれません。しかし、この信仰は、そこに秘密に満ちた神の計画を見るのです。その計画とは、この道筋の上で、つまり、一つの民の回り道を通して、すべての民族の救済と祝福とイスラエルの救いで完結するのではなく、全人類のための神の救いの計画の中の一駒なのです。

「私は、お前を祝福しよう。地上のすべての民は、お前たちによって祝福されるであろう」。

（創世記一二章三節）

これは、注目に値する言葉ではないでしょうか。神がイスラエルと歩む、変化に富んだ長い歴史の冒頭に、はるか先の終わりと、この召命の最終目的が語られているからです。私たちは、神の統治のこのような最終的な秘密が、イスラエルの巷で語られていたと想定することはできません。しかし、時に応じて、預言者が現れ、神がイスラエルにおいて始められたことが、神の救いの業の一部でしかないのであり、イスラエルとその歴史を超えていることを指し示したのです。

アブラハム、イサク、ヤコブの物語は、今日、とりわけ攻撃されています。しかし、神の光がとりわけ強くあてられているこれらの人々の場合においてこそ、過ちや弱さや罪が明瞭に露わにされるということは、決して不思議なことではありません。そして、語り手はそのことを隠そうとはしないのです。むしろ逆に、次のように示そうとするのです。つまり、神と関わる人は、そのような人であり、神は、ほかでもないそのような人に恵みを与えられるのです。族長たちは、普通の人間と同じであり、決して模範ではないのです。しかし、彼らは、弱点を持ち、無力であるにもかかわらず、神に召し出され、神が変わらぬ気持ちを持ち続けた人々として、つまり、言い換えるならば、生ける神が関わる人々として、彼らは私たちにとって最高に重要な人々なのです。そして、私たちは彼らについて、自分の子孫に語ることを止めることはないでしょう。私たちも、決して完全ではないあの人々と同じように、神によって罪の深淵を超えて救い出されることに頼らざるをえないからです。

とりわけ、中傷誹謗の多いヤコブ物語は、私たちに重要な神の恩寵を示してくれます。このような欺きの物語が、恩寵を指し示す好都合な機会であると考える人は誰もいないでしょう。語り手もそうは考えませんでした。なぜなら、語り手は、この罪から、どれだけ多くの苦悩が出てきたかを、意図的に示しているからです。盲目の老人は、自分の望みが成就されることを知ることなく、亡くなります。母は愛する息子を手放さなければなりません。兄弟たちは憎しみ合い、死闘をしてしまいます。家族は、呪いにかかったかのように、内部から分裂します。聖なる方を笑いものにしたヤコブは、浄化されるまで、国を出て、試練を受けなければなりません。

「主よ、私は、あなたが僕に示してくださった、すべての慈しみと誠実とを受けるに足らない者です」。

（創世記三二章一一節）

そして、故郷の土を踏みしめた瞬間、ヤコブは神と闘い、欺きを通して簡単に手に入れることができると思っていた祝福を、神に乞い願うのです。

「主よ、祝福をしてくださるまで、手を離しません」。

（創世記三二章二七節）

私は、この物語をなかったことにしたくありません。この物語は、一方で、すべての罪が破壊的な影響を与えるものであり、しかしながら、神が目に見えない方法で、すべての出来事の中で行動されることを語っています。また、人間によって繰り返し、裏切られる約束を、神は、人間の罪や過ちにもかかわらず、あらゆる瞬間も忘れないで、その御国を築かれるということを語るのです。このような慰めや、赦しの恵みをまったく必要としないと言える人はいるでしょうか。そのように言える人は、ヤコブの罪は、はるか昔の一回的な出来事であると思い込む人だけでしょう。しかし、宗教の歴史や、現代の教会闘争にまで続いている宗派戦争の歴史が、いかに人間が至るところで神の祝福をめぐって争い、永続的な試練に陥っているということを理解しようとしないで、自らを偽っている人々がいるとしたら、その人たちは間違った誤解にとらわれていると言うことができるでしょう。

このような族長の物語を読む人たちは、この物語が語っている、神がイスラエルの民だけのために存在し、私たちの地上に住んでいる他の民族世界とはまったく関わることがないと考えるかもしれません。しかし、創世記一二章三節が示しているように、この語り手は、彼らの神が、全世界の神であるということをはっきりと知っており、預言者の書を少しでも読む人ならば、圧倒的な偉大さと広さを持った神表象を見出すでしょう。預言者を自分の語り手とされた神は、アッシリア帝国を口笛で呼び寄せる神であり（イザヤ書七章）、新バビロニアのネブカドネツァルを僕と呼び、しばらくの間、大きな権力を与える神でもあり（エレミヤ書二七章六節）、また、キュロスを油注がれた者にすら任命するのです（イザヤ書四五章一節）。そして、この預言者たちの神は、また全世界を創造された神でもあるのです。

「お前たちは知らないのか、聞いたことはないのか。主はとこしえにいます神、地の果てに及ぶすべてのものの造り主、倦むことなく、疲れることもなく、その英知は極めがたい」。

しかし、もちろん、

（イザヤ書四〇章二八節）

「天に向かって目を上げ、下に広がる地を見渡せ。天が煙のように消え、地が衣のように朽ち、地に住む者もまた、ぶよのように、死に果てても、私の救いはとこしえに続き、私の公正は絶えることはない」。

（イザヤ書五一章六節）

永遠に続く救いとは、どのようなものでしょうか。それは、神が全世界のために用意される救いなのです。

「地の果ての人々よ、私を仰ぐなら、救いを得る。私は神、他にはいない」。

（イザヤ書四五章二二節）

ここには、信仰の陰気な狭さも、国家的な制限もありません。旧約聖書の神は世界とすべての民族の神なのです。

このような人々が、見張り、監視人として登場するのは、まったく不思議ではありません。また、苦難のときに、王と民が心配して、「見張り人よ、夜はもう明けたのか」と彼らのところに行くのもまったく不思議ではありません。
忘れられない人物の一人は、職業柄、イスラエルへの誠実を、死をもって守った預言者エレミヤでしょう。危機が迫ると、彼は登場し、忠告を与え、怒りをもって叱責し、そしてまた心から慰めるのです。民の一部が、バビロンに捕囚され、人としての権利を取り上げられたとき、彼は、一通の貴重な手紙を書いております。
短いものですが、牧者的な、厳しさと慰めに満ちたすばらしい手紙です。捕らえられた人々は、自分たちが厳しい状況にあることを理解できませんでした。茫然自失の状態で、「神が、このような罰を与えるような無茶なことをされることはない」と考えておりました。しかし、エレミヤは、神が一度なされたことをただちにやり直すことがないことを知っておりましたので、彼らに、間違った希望を放棄するように警告するのです。

「家を建てて住み、園に果樹を植えて、その実を食べなさい。私が、お前たちを送った町の平安を求め、その町のために主に祈りなさい」。

(エレミヤ書二九章五、七節)

この預言者は、厳しい、心を傷つける言葉を捕囚された同胞に語った後、やっと、人間的な判断からすれば、すべてを取り去られた彼らに対して、すばらしい慰めを伝えるのです。神はエレミヤを通してこう語られるのです。

「私は、お前たちのために建てた計画をよく心に留めている、と主は言われる。それは平和の計画であって、災いの計画ではない。お前たちが待ち望む終わりを与えるであろう。私を心から求めるならば、お前たちは私を見出すであろう、と主は言われる」。　（二九章一一、一三、一四節）

ここで、この預言者を特徴づけているものが、特別な政治的な世界像ではなくして、それとはまったく異なるものであることを、人々ははっきりと知るのです。つまり、世界の歴史の過程の中に神の足音を聞き分ける能力、さらに言えば、諸国民の世界の出来事の中に、神の計画と意図を読み解く解明力が彼らに与えられているのです。預言者たちは、このように、聖なる霊に触れ、はるか遠くから、神の救済の歴史の最後の秘密を眺めていたのです。つまり、すべての民が仕えるであろう、一人の救済の王、ダビデの末裔から出る救い主、平和の君の到来を見ていたのです。

*　*　*

旧約聖書は、すべて、私たちの主イエス・キリストを準備する書です。旧約聖書が、各章、各頁で語っている神がイエス・キリストの父だからです。旧約聖書がこの神の裁きと救いについて語ったこと、生ける神の聖性と愛について、旧約の人々に啓示されたことは、イエス・キリストにおいて、最終的かつ例外なしに実現したのです。主は、旧約聖書の証人たちが（一部は、まだ、不完全でしたが）、神について証言したことすべての保証人なのです。このようにして、旧約聖書は私たちの書となったのです。

私たちは、イエス・キリストを完全に理解するためには、弟子たちが必要としたのと同じぐらい旧約による準備と案内が必要なのです。そのことは、あのエマオへの道を師と共に歩んでいった弟子たちの物語から、とりわけはっきりと知ることができます。この物語は、彼らが、見知らぬ旅人に、イエスの処刑についての心痛を打ち明け、それどころか、彼にはまったく幻滅したと言わしめています。「私たちは、あの方こそイスラエルを解放してくださると望みをかけていました」（ルカによる福音書二四章二一節）。これは、非常に考えさせられる物語です。かつて、イエスのもとに来た弟子たちは、たしかに真剣な確信を持っていましたが、このイエスが彼らの考えていたイエスとはまったく異なる人であることに気づいたのです。「私たちは、あの方こそイスラエルを解放してくださると望んでいました」。そこに、注目すべきことが始まるのです。イエスは、「モーセとすべての預言者から始めて、聖書全体にわたり、ご自分について書かれていることを説明された」のです（ルカによる福音書二四章二七節）。イエスは、弟子たちの誤り、幻滅から守ってくれるものを知っておられたのです。それが、旧約聖書です。これこそ、今日、特に注目すべき事柄です。イエスは、お前たちは、新しいことをまったく悟ってはいないとか、私の言葉と行為をまだまったく分かっていないとか、お前たちはお前たちの信仰の古い根拠を捨てなければならない、とは言っておられないのです。多くの人々はそのように考えており、その方が納得しやすいかもしれません。しかし、そうではなくて、イエスは、彼をそれ以上理解できない弟子たちにまったく逆の態度で接するのです。お前たちが、もっと旧約聖書に親しんで、そこに書かれていることを理解するならば、キリストによりよく近づけるであろうと語っているのです。このエマオの弟子たちの物語は、今日の私たちにとって、きわめて重要な物語です。もちろん、私たちは、新約聖書の多くの箇所で、イエス・キリストを求めることができます。しかし、エマオ物語が示すように、本当のキリスト、つまり新約聖書の最も神聖なものに至るには、一つの道しかないのです。旧約聖書を超えて、そして旧約聖書を通して至る道しかないのです。

原題　Das Alte Testament –Gottes Wort für die Deutschen!
„Klares Ziel!“（『明白なる目的』）1. Berlin, 1937 として発行。

旧約聖書が持つ不変的な意義（一九三七年）

私たちが旧約聖書を開くとき、最初に受ける印象は、一つの民が、その歴史の長い過程の中で、神の言葉と絶えず関わり、生きているというシンプルなものです。たしかに、この民は称賛に値する民ではなく、失敗することが多く、反抗さえしたのですが、この民は神によって呼び出されたのです。しかしながら、この民は、神の言葉という人生の糧ほど、人生において必要なものは何もないことを認識することを学んだのです（詩編一二八編一節、アモス書八章九節以下）。

イスラエルが神に選ばれているという信仰は、傲慢ではありません。イスラエルはこの関係の中で、自分たちが神のきわめて近くにいると素直に感じたのです。しかし民は、罪深い人々の共同体として、また個人として、生きている神に手足をばたつかせ、神の囲い込みに何度も抵抗しました。預言者たちは、彼らがそれを好むか否かにかかわらず、神に仕えなければなりませんでした（エレミヤ書二〇章七節以下、一章五節以下）。

族長物語の中で、古代イスラエルは「選び」という事実と関わっています。最初の族長アブラハムは、従順な人として描かれています。彼は信仰を持って、暗い未来に向かって、神に素直に身を委ねます（創世記一二章一―九節）。しかし、次の場面になるともう、神が始められた業を全面的に拒否するのです（創世記一二章一〇―二〇節）。

神の約束を繰り返し裏切るのは、実に約束の担い手自身です。しかし、神はその約束を守り、アブラハムの重大な罪さえも見過ごします。そのことをよく表しているのが、ヤコブ物語です（創世記二七―三三章）。まさに、神はそのような詐欺的で利己的な人と関わりを持たれるのです。しかし、神はそのような絶望的な陰謀を超えてさえも、神の国を築かれるのです。もちろん、この話はまだ終わりません。ヤコブが父祖の大地に入るまで続くのです。ヤコブは、簡単に不正に入手しようと考えていた祝福を求めて、神と格闘しなければなりません。つまり、ここでは、イスラエルと神との闘いについて語られているのです（創世記三二章二二以下）。

この民は、神に攻撃されていると感じていました。神の戒め、人類に対する神の主権主張が、自分たちの上を覆っているのを見て、イスラエルは最初から神に対して防御的でした。イスラエルが喜んで、そして自信を持って神の意図を受け入れたと、信じてはいけません。神に対する信仰半分、しかし、自然に対する信仰も捨てたくはなかったでしょう。神は、何度も何度も、預言者と勧告者を呼び出されました。「お前たちは、いつまでどっちつかずに迷っているのか。もし、主（ヤハウェ）が神であるなら、主（ヤハウェ）に従え。もし、バアルが神であるなら、バアルに従え」とエリヤはカルメル山上で叫ぶのです（列王記上一八章二一節）。

旧約聖書は、すべての人々を自分の味方につけたいと願う神、太古の権利を主張する神を証ししています。「私は主、あなたの神、ねたみの神である！」「私をおいて他に神があってはならない！」。

つまり、神は部分的ではない、全体的な人間の献身を望んでおられるのであり、この世の権力者と崇拝を分け合うことを念頭に置いてはおられないのです。そして、労働が人生を魅了し、私たちを完全に変えるかもしれないので、神は労働に対抗して「安息日」の戒めを定められたのです。これらの戒めが私たちにも何を伝えたいのか、そのことを考えれば、当然、「私たちは旧約聖書を固持すべきなのか」という問いが出てきます。実際に回答不能な問いです。しかし、もはや、中立はありません。善意を装った保守的な考え方もありえません。私たちは、この神の呼びかけを確かなものとして聞き入れるか、拒否するか、どちらかしかないのです。

しかし、戒めだけでなく、預言者たちも、神の主張に対する見張り人なのです。彼らは、人々の生のみならず、神から離れて生活する諸民族の雑踏の中に生じる出来事をも、神によって解釈しようと試みました。かつて、彼らは、神が高みから、地上で収穫がどのように実るのかを静かに見守っておられるかを語りました。「主は私にこう言われた。『私は黙して、私の住む所から、目を注ごう。太陽よりも烈しく輝く熱のように、暑い刈り入れ時を脅かす雨雲のように』」（イザヤ書一八章四節）。しかし、別の箇所では、世界の嵐の中を過ぎ通る神として、おぞましいカタストローフの中で、諸国民を裁き、牢獄で踏みにじる神として描いています（イザヤ書六三章一節以下）。これらの言葉は、私たちの最も固有なものであるかのように、それをおうむ返しに従って、行うようにとは、実際には与えられてはおりません。しかしながら、私たちは、それが何を指し示しているのかに耳を傾け、その上に立って私たちの信仰を形成しなければなりません。

もちろん、旧約聖書の妥当性を私たちに最終的に与えてくださるのは、主イエス・キリストご自身のみです。イエスは、旧約聖書の神の中に、ご自身の父を見出しました。イエスは、古い契約の書が主イエスご自身とその到来に向けて読まれるべきだということを約束してくださいました。「なぜなら、この書は、私について証言しているからである！」と。

とりわけ、エマオに向かった弟子たちの物語は、私たちに熟慮する機会を与えてくれるに違いありません。弟子たちは、イエスについて別の理解の仕方をしていました。イエスはどのようにして彼らの考えを正そうとしたのでしょうか。イエスは、「モーセとすべての預言者から始めて、聖書全体にわたり、ご自分について書かれていることを説明された」のです（ルカによる福音書二四章二七節）。イエスは、お前たちは旧約聖書から離れなさいとは言われず、まさに、その逆のことを言われたのです。もし、より良く聖書を学ぶならば、お前たちはキリストにより近く近づくことができるであろう。詩編の教えた方向で祈ることを学んでいたなら、また、預言者が教えた方向で救いを待ち望んでいたなら、お前たちは、新しい使信に近づくであろう。このことは、今日、緊急に求められています。誰もが、新約聖書に至る自分の道を求めようとしております。しかしながら、まったきキリスト、新約聖書の最も聖なる方へと導くただ一つの道は、エマオ物語が示す道なのです。つまり、旧約聖書を超えて貫く道しかないのです。

原題　Die bleibende Bedeutung des Alten Testaments.
Oberwiesenthal での講演。„Kindergottesdienst"（『児童礼拝』）47, Bielefeld, 1937, SS.9-10 に掲載（原文には「ラート教授の講演による」と記されており、講演の要約と思われる）。

旧約聖書における生と死についての信仰証言（一九三八年）

私たちのテーマに近づくためには、死について簡単に描写している物語の一つを選んで始めるのが一番です。不倫で生まれたダビデの子供が死にました。王は深い絶望の中で祈っています。サムエル記下一二章の物語は次のように続きます。

ダビデは家臣がささやき合っているのを見て、子が死んだと悟り、言った。「あの子は死んだのか」。彼らは答えた。「お亡くなりになりました」。ダビデは地面から起き上がり、身を洗って香油を塗り、衣を替え、主の家に行って礼拝した。王宮に戻ると、命じて食べ物を用意させ、食事をした。家臣は尋ねた。「どうしてこのようにふるまわれるのですか。お子様の生きておられるときは断食してお泣きになり、お子様が亡くなられると起き上がって食事をなさいます」。彼は言った。「子がまだ生きている間は、主が私を憐れみ、子を生かしてくださるかもしれないと思ったからこそ、断食して泣いたのだ。だが、死んでしまった。断食したところで、何になろう。あの子を呼び戻せようか。私はいずれあの子のところに行く。しかし、あの子が私のもとに帰っ

てくることはない」。（一九―二三節）

すばらしいことに、王の堂々とした姿が、取り立てて重要ではない些末な成り行きにおいても、しっかりと描かれています。ダビデの振る舞いは、宮廷人の理解を超えています。神に向かって手を挙げるという、嘆きの儀式に必要な単純な動作ができないほど、彼の絶望は非常に深いものでした。これは実に、測り知れないほどの極度の悲嘆の現れですが、それに比べ、人は最後には、もちろん驚くべきことですが、正気に連れ戻されるのです。かくして、ダビデは何も語らず、自分の生活に戻ります。これが、絶望の状況の中で、彼が取りうる唯一適切なことでした。この小さな出来事は多くのことを語っています。ここでは、死が絶対的な終わりとして真剣に受け止められています。わずかな希望の微光もまったくありません。死において再会するという見込みすらも慰めを与えてくれません。

死についての見方は、旧約聖書全体を通して、とりわけ、イスラエルの古い時代では、このようなものです。死は終わりそのものです。そのことにいったん気がつけば、旧約聖書では、死についての証言がいかに少ないか驚くに違いありません。他の宗教ではどうでしょうか。諸々のイデオロギーも大胆に発言しているように、まさにこの点について、生き生きとして多弁です。しかし、旧約聖書には何もありません。儀式も神話も、この深い裂け目に橋渡しをしません。死を大仰に英雄視することもなく、ことさら矮小化して克服することもありません。人の絶対的な最期を真剣に受け取るとき、このように死という現実に対して従うことは、月並みでない冷静さを証言していると私たちは考えるべきでしょう。では、旧約聖書に述べられている敬虔な人々が死ぬ記事に関してはどうでしょうか。

これらは時間を超えて通用する物語となっています。しかし、やはり、あの即物的な冷静さと、人間の生への意志を打ち破る死を前にしたあの最後の単純な精神状況を見るのです。

しかし、このような確認は、ただ一般的なことを述べたにすぎません。このような考え方をさらに内から理解しなければなりません。今こそ、なぜ、このような死の見方においては、——現代の人間ならば特に感じているように——生の比重が少なくなって、死が本来的に生全体に影を落としてしまっており、ある意味では、生が持つ尊厳性の問題がそもそも展開されていないことについて問わねばなりません。このままでは、何も解明されません。しかしながら、死は（突然死とか、夭折、不吉な死に方を除いて）心の準備のできた恭順として受け入れられ、ときには神の恩寵としてみなされていたのです。

旧約聖書には、「彼は年老いて、生を全うして死んだ」という表現が至るところに出てきます（創世記二五章八節、他多数）。この「年老いて、生を全うして」という表現について、しばし、考えてみたいと思います。ここでいう人生は、ファウストのような、人間が主張する永遠の生命とは初めからまったく関係がなく、「限りある」ものであり、神によって人間に「測り与えられたもの」として捉えられています。その人生が、楽しみに満ちたものであれ、苦しみに満ちたものであれ、いずれにせよ、終わるのであり、それと同時に、内的にも「こうして・終わりに・至る」のです。そして、「生を全うして」という状態、つまり、神によって測り与えられたものが使い果たされる時点があり、それが、死の成熟する瞬間なのです。このように、「年老いて」と「生を全うして」という言葉の関連の中に、神による成就のようなものが存在しています。二つのうち、一つが欠けてもいけません。年が老いない死は、生が全うしていないからであり、そして、生が充足していないのは、つまり、人生に嫌気が差し、絶望し、かつ、まだ年老いていないからです。「年老いて」と「生が全うして」の二つは、生の充足であり、それぞれの人に神から測り与えられたものが成就したことなのです。このことは、私たちの考察にとって、二つの点で重要です。その一つは、のちほど、絶望の淵に立って死に立ち向かった言葉を取り上げますが、死に対して敢然と立ち向かう人の言葉です。これは、いかなる快楽にも、いかなる幸運にも満足しない、あのファウスト的な無限なものへの渇望、つまり、人間から生に対して向けられる無限性の主張ではなく、それとはまったく別のものであると、ひとまず述べておきたいと思います。今一つは、死は明らかに、生と最も密接に結びつけられて見られていることです。死は、まったく生の面から評価されていると言った方がよいかもしれません。死は絶対ではなく、どこか最後になって、人を脅かす威厳のあるものではなく、相対化されているのです。先に述べましたように、年老いて、生を全うして死んだ人にとって、死は生の向こうに立って敵対するものではなく、人生に対して「成就」という神の印を押すことなのです。

しかし、以上述べましたことですべてが明らかにされたわけではありません。年老いた人が死に直面したときですら、死が何の抵抗もなく受け入れられたわけではありません。まして、まだ人生を全うしていない若者の人生に、死が猛々しく、一見、意味なしに襲いかかったという数多くの例の場合はどうなのでしょうか。たしかに、死は人ならば誰をでも不安に陥れ、混乱させたのですから、若者の場合も混乱に陥れたのです。旧約聖書に歌われている、墓碑銘的な合唱を引用します。

「人は女から生まれ、人生は短く、苦しみは絶えない。花のように咲き出しては、しおれ、影のように移ろい、永らえることはない」。

（ヨブ記一四章一―二節）

「人の生涯は草のよう。野の花のように咲く。風がその上に吹けば、消え失せ、生えていたところを知る者もなくなる」。

（詩編一〇三編一五―一六節）

「草は枯れ、花はしぼむ。主の霊が吹き付けたからだ。この民は草に等しい」。

（イザヤ書四〇章七節）

「御顔を隠されれば、彼らは恐れ、息吹を取り上げられれば、彼らは息絶え、元の塵に返る」。

（詩編一〇四編二九節）

これらは、預言者、知恵文学者、詩編詩人の言葉ですが、一つの点で類似しています。つまり、死は神の手の内にあるということです。神が死を送る。神が顔を隠すと人は倒れる。神の恵みが照らすことによって、人は生きるのです。しかし、これらの中で、死について隠喩的に暗示的に注意を引く仕方でしか語られていないことが、詩編九〇編では、露わに語られています。これは、旧約聖書が死について語りえたことの中で、最も恐るべき箇所です。

「千年といえども、あなたの前では、昨日が今日へと移り変わる夜のひと時にすぎません。
あなたは人を眠りの中に漂わせ、朝が来れば、人は草のように移ろいます。
朝が来れば、花は咲くが、やがて移ろい、夕べにはしおれ、枯れてしまいます。

あなたの怒りによって私たちは消え去り、あなたの憤りによって、突然、取り去られます。

私たちの悪行をあなたの前に、私たちの隠れた罪をあなたの顔の前で露わにされます。

私たちの生涯はあなたの怒りの下で移り行き、私たちの年月はため息のように終わります。……

あなたの怒りを誰が知りえましょうか。あなたの憤りを誰が畏れるでしょうか」。

（詩編九〇編四―九、一一節）


ここでは、先ほどの言葉よりも、より明白に、死が何か独立したものではなく、また何か名前の分からない巨大なものとしてではなく、神の自由な行為として見られています。とりわけ、死がもっぱら生の視点から見られているという限りでは、死は自立したものではありません。死は、人生における私たちと神との関係を乱すものです。創世記の堕罪物語ではすでに、人間の神に対する恐れと恥じらいは、最も内側で破壊された人間と神との関係が外へと表出したものであると語られています。自分の創造者である神をつねに怖れるということ、さらに人間の肉体性を貫く謎のような破綻、つまり、このような私たち自身の身体を恥じるということは、人間に生まれつき本来的なものではなくて、私たちすべてが持っている原罪という神の裁きとして、人間に与えられたものなのです。さらに、旧約聖書の人々が肉体的な病気を、彼らすべての実存の根を破壊するシグナルだと考えていたことを付け加えておきます。歴代誌下一六章一二節の医者に対する顕著な嫌悪感も加えてもいいでしょう。この嫌悪感は徹底的で、神が私たちの身体の創造主であるなら、身体の苦痛を取り除くことができる方は神以外に、誰がいるでしょうか。医者のところに駆けつけながら、古い契約共同体に与えられていた

「私は主、あなたの医者である」（出エジプト記一五章二六節）という力強い言葉を無視する人がいるとすれば、それは、真の傷の深さを誤解する不信仰ではないのでしょうか。

さて、旧約聖書においては、死は自立した権威を持っていないという先の私たちの結論に対して、生もまた、人が自由にできるようなものではなく、生もまた神に由来するということを付け加えておきたいと思います。ヨブ記に書かれているように、生は人間に貸し与えられているのです。

「もし、神がご自分にのみ御心を留め、その霊と息吹をご自分に集められるなら、生きとし生けるものはただちに息絶え、人は再び塵に返るであろう」。（三四章一四節以下）

この句はそれだけで十分簡潔なのですが、もっとやさしく言えば、旧約の見方によれば、生は神に属しているということです。したがって、自立した人間が「生の意味」とか「死の問題について問う」というような、私たちには周知の問いは、旧約聖書にはありません。旧約によれば、生の意味は、人間が神に属し、神に仕えるということにあるでしょう。そして、死の問題は、——もちろん、手近な公式を求めても無駄なのですが——人間の罪の問題と密接に融合しているのです。そこには多くの神秘が含まれています。私たちは死の本質を見抜けませんし、理性的に捉えることもできません。しかし、「あなたの怒りによって、私たちは消え去り、あなたの憤りによって、突然、取り去られる」ことは、完全に分かっているのです。

さて、私は「生は神に属する」ということが、旧約聖書の考え方の中では、ごく自然のことであると言いました。しかし、人間の身体の中に神の生命が埋め込まれたという神秘に、信仰において、あえて言及しようとした創造物語について考えなければなりません。そして、さらに、生命に対する神の所有権を犯す殺人は、神に対する罪であることを考えてみるべきでしょう。つまり、人間に関わること、人間性の何らかの法律から見て、殺人が違反であるというのではなく、殺人は、神に属するもの、神の被造物が侵されるということを意味しているのです（創世記九章六節）。

このテキストだけでなく、他の箇所も参照すれば、さらに多くのことについて語ることができるかもしれません。そればかりか、生は神に属するという私たちには当然の言葉を、現代的な意味に誤って理解することだってできるかもしれません。例えば、生はたしかに神秘に満ちたもの、聖なるもの、そして最終的には、神に由来するものであるかもしれないけれども、独自の法則を持つ一種の内在的な力であり、公正中立的なものとして人間に与えられたものであるかのように、考えるというふうにです。ですが、それは間違っています。生が神に属するというのは、神が人間に服従を求めているということであり、人間はただ神の意志と一致することによってのみ、生を持つということを意味するのです。これは、最初は最高に非合理的で、先に述べたこととは一致しないように響きます。そして、突然、まったく別の、より精神的な生の理解が導入されたかのような疑念が生まれます。しかし、実際はそうではありません。モーセが民と別離するときに語られた最後の演説の一部を聞いてみましょう。

「見よ、私は今日、生と幸い、死と災いをあなたの前に置いた。私が今日命じるとおり、あなたの神、主を愛し、その道を歩むならば、生を得るであろう。……もし、心変わりして聞き従わないならば、……私は今日、宣べ伝える。……あなたたちは必ず死に絶え、その地に長く留まることはないであろう。……私は今日、天と地をあなたたちに対する証人として呼び出し、あなたたちに、生と死、祝福と呪いを置いた。お前は生を選び、お前とお前の子孫が生きるようにしなさい」。

（申命記三〇章一五節以下）

この時点で、生と死について語られるのは、奇妙ではないでしょうか。聞き手が生も死も持っていないかのように呼びかけられているのではまったくありません。また、誕生から死に至る道のおよそ半ばに立っている人々に向かって、「お前は、もうすぐ死ぬとか、生きるとか宣告されているかのように」語られているのでもまったくありません。彼らは、神の言葉を聞くその瞬間に、生を選ぶのか、死を選ぶのか、その決断を実に初めて迫られているのです。

「神の言葉を聞く」！　これは、民全体と神の言葉との関わりを示す、旧約聖書の中で最も単純な印象を与える言葉です。民が自分自身の名声を得るために聞いているのではないことは確かです。しかし、時には拒み、抗いつつも、実際には、それと同時に、神の言葉と関わり、その言葉によって支えられているのです。

「なぜなら、それは空しい言葉ではなく、あなたたちの生命であるから」と、あの告別の言葉の中に単純明白に語られています。過去に目を向ける者にとっては、神の言葉がまれにしか聞かれなかった時代は、薄暗く死んだ時代だったのです。個人もまた、肉体的生命も含め、神が彼に語りかけることに依存しています。「私の岩よ、黙らないでください。あなたが黙しておられるなら、私は墓に下る者と同じになってしまいます」（詩編二八章一節）。有名な十戒の一つも、これと関連するでしょう。「あなたの父と母を敬いなさい。あなたは生命をながらえ、あなたの神、主が与えられる土地に長く生きることができるであろう」（出エジプト記二〇章一二節）。この中の後半の部分を正当ではない付加として、そっと除外すべきではありません。そうではなく、まったく具体的な身体の生に関する決断が、神に対する服従もしくは不服従の問題へと取り込まれていくという、その事実を認識するべきでしょう。神の言葉を聞くことが生であり、不服従のうちに過ごす生は、すでに、生きる権利を喪失しているのです。

以上、全体的に見て、一つの結論に達することができたと言えるかもしれません。死と生は、それぞれ内在的、絶対的な存在ではなく、死も生も、いずれも神の手の内にある存在であり、両者とも、人間にとって自立したものではなく、神の言葉を聞く決断をすることによって、人は生と死を受け取るのです。

ここで、宗教史的な比較は必要ないでしょう。あらゆる時代の諸宗教が、魔法もしくは秘儀によって生との結びつきを獲得しようと試みる方法は、なんと奇妙なことではないでしょうか。生がそれ自体、神秘であり、聖なる力であるという人間の理解は、不変なものです。このような幻想に対して、旧約聖書の主張は、なんと冷静で明解ではありませんか。「人はパンだけで生きるのではなく、主の口から出るすべての言葉によって生きるのです」（申命記八章三節）。しかし、これは、私たちが今結論として引き出したことのうち、生に関する旧約聖書の最終的な言葉と言うことができるかもしれませんが、死に関する最終的な言葉ではありません。

私たちは、まず、旧約聖書の嘆きの祈りから、いくつかの証言を検討すべきでしょう。このことは、決して、死に関する旧約聖書の見解の暗さや酷しさを和らげるのではなく、むしろ、より一層、酷しくするものです。死の病にあったヒゼキヤ王は「私は思った。命ある者の地において主を見ることもなくなり、……陰府があなたをたたえることもなく、死はあなたを賛美することはないからであり、墓に下る者は、あなたのまことを期待することはできない。命ある者、命ある者のみが、あなたをたたえることができる」と語っています（イザヤ書三八章一一、一八節以下）。

このような言葉は、詩編の至るところで読むことができます。特に詩編八八編では、

「私は死者の間に住まねばなりません。……あなたは、このような者を思い起こすことは二度とありません。彼らはあなたの救いから見放されています。……あなたが死者に対して救いを与えられるでしょうか。死霊が起き上がってあなたをたたえるでしょうか。墓の中であなたの慈しみが、滅びの国であなたのまことが告げ知らされるでしょうか」。（詩編八八編六、一一節以下）

ここには、死に関して旧約聖書の中で最も陰鬱な言葉が飾り気なく語られています。死によって人は神との生ける関係から引き離されてしまいます。死者は、人を生かし癒やしを与えるヤハウェの祭儀の領域の向こう側に存在していて、そこには、酷しい死があるだけです。――神は生ける者の神である――これは、旧約聖書ではまったく特別な意味を持つ重要な言葉です。神が設定した生の領域は

実は限界を持っているのです。共同体には、神の光の中で生き、かつ生き続けることが約束されますが、しかし、個人の場合には、彼に与えられていたヤハウェの慈しみの持ち分が使い果たされると、死と共に、この神の領域から離れるのです。彼らは、神に与えられ、定められたことを守り、神がすくい上げることのない限界を自力では決して越えられないことを認めざるをえない、そのことを今一度、示唆しておきたいと思います。

先に「死はあなたをたたえない」という言葉を述べましたが、ここでは、死は、いわば完全に非神化されています。つまり、旧約聖書の信仰は、すべてのヌミノーゼ的な性質を死から徹底的に排除しています。mors janua vitae（死は生への入り口）という考えは旧約的ではありません。死は彼岸での生への自由に開く扉でもありませんし、まして、宗教的儀式を受けることによって得られる生の昇華への扉でもありません。現代的に表現すれば、死のディオニュソス的な熱狂性は、生ける神から見れば、迷信にすぎません。ノヴァーリスは、詩集『夜の賛歌』の中で、「永遠の夜よ、たたえられよ、永遠の眠りよ、たたえられよ」……「私は、死の若返りの流れを感じ、昼は、信仰と勇気に満たされて生き、夜は、聖なる灼熱のうちに死ぬ」と歌っていますが、彼は、聖書的・キリスト的信仰を完全に捨て去っていると言えるのではないでしょうか。――「死はあなた［神］をたたえることはない」のです。

さて、ここで大きくジャンプして、ヨブ記の対話に耳を傾けたいと思います。今までとは、まったく別の空気が私たちを包み込みます。一人の男が、まったく異次元の闘いを繰り広げています。そこでは、呪いと嘆願、祈りと冒瀆によって勝ち取られるものが、私たちと同じ考えであると考えないほうがよいでしょう。現代の宗教的な巨人主義の古いヴァージョンのように混同してはいけないのです。では、そこにあるのは、何でしょうか。ヨブはもはや共同体の中に住んではいません。つまり、彼は、共同体の信仰によって支えられているという確信の外にいます。彼は、啓蒙された者と言えるかもしれません。共同体の外に立って、共同体もない、歴史もない敬虔さの薄暗い冷やかな空気の中で、一人孤立しています。その彼に、突然、遠い太古の時代からやってきた、大きな苦難が襲いかかるのです。これらはすべて、彼の外的なめぐり合わせによって動き始めます。彼は、死なんばかりの苦しみを受け、共同体的存在が奪われ、死の敷居に直面しています。しかも、彼の人生の最後の片隅ですべてが演じられるのです。信仰について彼がかつて考えていたであろうことが壊されてしまいます。先祖たちが神の意志の恵みの啓示を受けたという奇跡は、彼には何の役にも立ちません、いや、まったく存在しないのです。彼が見るもの、つまり、驚きをもって見るものは、人間に対して神が完全に自由であり、完全な力を持つということです。

「神に対して、人は自分が正しいと、どのようにすれば主張できるだろうか。神と論争することを望んだとしても、千に一つの答えもできないであろう。……神に対して頑なになりながら、無事でいられるだろうか。……神は山をも移される。……私は必ず有罪とされるのだ。……雪解け水で体を洗い、灰汁で手を清めても、あなたは、私を汚物の中に沈め、私の着物の匂いは、ひどいものだ」。

（ヨブ記九章二―五、二九―三一節）

これは、簡単には反論できない現実を示す言葉です。しかし、この中でも、ヨブが神の存在に対して、（こう言ってよろしければ）ひと時も疑いを持っていないという事実は、私たちには不思議に思えるかもしれません。神とその業の現実さは、彼からは消えないのです。しかし、実は逆なのです。彼は、この闘いの中でのように、今まで神をこれほど現実的に感じてはいなかったのです。しかし、神の行動は、信仰に適ったすべての論理に当てはまりません。神はヨブにとって純粋にわがままな存在になります。恣意性はヌミノーゼのしるしを持っています。つまり悪魔となるのです。別の嘆きを読みます。

「どうか、私を陰府に隠してください。あなたの怒りが止むときまで、私を匿ってください。そして、その期限を定め、私を想い起こしてください。……そうすれば、私は歩哨の日々を、それが終わるまで持ちこたえることができるでしょう。あなたが呼びかけるときには、私は応えることができるでしょう。……しかし、そうではなく、山々が崩れ落ち、岩がその場から移されます。……あなたは、人の希望を無になさいます」。

（ヨブ記一四章一三―一九節）

これはいったい何事でしょうか。この陰鬱な言葉の中に一つの考えがひらめきます。もしかして、神ならば、ヨブのことを心にかけ、死んだ後も続けて覚えていてくださるのではないだろうか。熱い期待が持ち上がります。しかし、すぐに、深い諦めの中に戻されてしまいます。ここでは、ヨブの疑い深い心の噴出によって埋められてしまっていた、彼の心の中にある関心事のようなものが露わになります。彼にとって、神、神のみが重要なのです。彼は神に言い寄り、問い詰めます。ヨブは、心の中にある神のイメージを持ったまま死ぬことはできないのです。神は、ヨブが、実は、父祖たちの信仰についてのはるか昔の何らかの記憶に縛られていて、それが彼の心に安らぎを与えないことを知っておられます。それは、彼自身には自覚のない、生ける神に対する秘密の責務です。だからこそ、ヨブは神を呪い、冒瀆しながらも、神の権利を、自分の友人たちに対して弁護するのです。ヨブは、自分と無限の力を持つ自由な神との間の事柄が明らかになるまでは、死ぬことができないのです。問題は、死そのものではなく、彼の神としての神が恐ろしい顔をして、驚くべき恣意性の背後に隠れてしまったことです。そこで、彼は旧約聖書では前代未聞の行為に出るのです。彼は死の扉をノックするのです。この問題が、（彼は間もなく死ぬでしょうから）ここでは解決されないとしても、神は、何らかの形で、どこかで、この生の向こう側で再び彼の神となるでしょう。

「大地よ、私の血を覆うな。私の叫びを閉じ込めるな。
このような時代にも、見よ、天には私の証人がおり、
高い天には、私の保証人がいる……
私は涙しつつ、目を天に上げる。
人と神の間を裁かれるようにと」。

（ヨブ記一六章一八―二一節）

これは、まったく新しい調べです。「保証人」は旧約の家族法の用語です。誰かが貧困や債務に悩

む場合には、一番近い親族がそのつどその債務を負わなければなりません。そこで、ヨブの前に突然、神が彼の保証人であるという大きな視界が開けるのです。しかしながら、神はたしかにヨブの最も近い親族ですが、神学的には、先に出てきた疑念とは際どい関係にあります。なぜなら、そこには否定しようもない恣意的な神が存在しているからです。そこで、ヨブは、神対神という狂気じみた極端な考えに至るのです。

しかし、次のモノローグでは、ヨブはもう冷静で、安定しています。

「どうか、私の言葉が書き留められますように。
碑文に刻まれますように。
たがねで岩に刻まれ、鉛で黒々と記され、いつまでも残るように。
私は知っている。私を贖う方が生きておられ、
いつかはこの地上に立たれるであろう。
この皮膚がなくなろうとも、ついにはこの身体は解き放たれて、
神を見るであろう」。

（ヨブ記一九章二三節以下）

これは、ヨブの闘いの中でも最も秘密に満ちた箇所でしょう。彼にとっては、死ではなく、神との個人的な関係への再帰が重要だったのです。したがって、ここでは突然、死が最終的なものではないことが示されるのです。ヨブが、永遠の生命とか復活を考えているのではなく、解決の言葉、つまり、

生の向こう側のどこかで、何らかの仕方で、彼が正当化されることを考えていたということはありえます。その場合には、彼の関心事、彼が見出した慰めは、私たちにとって、いっそう大きな意味を持つでしょう。なぜなら、彼にとって、本来「死の問題」そのものが重要ではないことが明らかになるからです。このような道を、共同体から追放されたヨブが、まったくの孤独の中で歩んだのです。共同体の神学は、このような道を彼に示しませんでした。自分の信仰の狭い橋の上で、一人で、このような冒険を行い、自由で無限大の力を持つこの神が、やはり彼の神であり、その神に期待を寄せることができるという確信をヨブは見出したのです。

しかし、古い契約共同体の中には、ヨブのことを知らずに、同じような仕方でこの道を歩んだ人がいたのです。詩編には、死に関する信仰の声が絶え間なく響いています。このことは、まさに驚くべきことでしょう。

「わが魂よ、主をたたえよ。
主は、お前の病をすべて癒やし
お前の命を墓から贖い出してくださる」。（詩編一〇三編二節以下）

「私は死ぬことなく、生きながらえて、
主の御業を語り伝えよう」。（詩編一一八編一七節）

証言は、ますます増加し、確信的になります。このような証言は、神が始めた生命共同体が突然外から取り去られることはないという予感的な信仰に由来するものでしょう。

「あなたは、私の生命を死に渡すことなく、
あなたの聖者が朽ちることを許さず、
生への道を教えてくださる」。

（詩編一六編一〇節以下）

確かなことは、この祈り手が「死後の生がある」とは語らずに、「あなたは私の生命を死に渡さないでしょう」と語っていることです。おそらく、彼はまず、突然の死が彼と神との関係を壊すことはありえないと考えていたかもしれませんが、しかし、彼に与えられたこの確信は無限に広がっていくのです。

このことを詩編七三編は、驚くべき仕方で語っています。祈り手は大きな不安の中におります。

「私は、危うく足を踏み外し、歩むことができなかった。
神に逆らう者の安泰を見、高慢な者が私の気持ちを傷つけたからだ。
……
彼らは宮殿のようにしっかりと立っている」。

（二―四節）

この祈り手は、少しばかりヨブに似通っています。神の約束は今どこにあるのだろうか。彼の生命は脅かされていて、神の恵みをまったく感じることができません。神を敬う人と、神に逆らう人の生を冷静に見れば、神の偉大な言葉とは矛盾します。「このことを知りたいと考えたが、あまりにも困難に思えた」（一六節）。実に、誠実に満ちた美しい言葉です。そして、まったく驚くべきことに、見かけ上はまったく動機のないことが語られます。

「しかしながら、私はつねにあなたのそばに留まります。
あなたが私の右の手を取ってくださったからです。
あなたの知恵によって私を導き、最後には栄光へと連れ去ってくださいます。
私があなただけを持っていれば、天地に何も求めません。
私の身体と魂が今すぐ弱り果てようとも、
あなたこそ、神、とこしえに私の心の慰めであり、
私に与えられた持ち分です」。（二三―二六節）

この証言に従うことを拒否する人、また、冷静な観察から学んだことをすべて突然捨て去ることを拒否する人に対して、異論を唱えることのできる人はいないでしょう。しかしながら、神が、この無名の詩人に対して、生と死に関する何かを証言することを許されたのだと私は考えます。これは、基本的にすでに見てきたことです。生も死も客観的な力ではありません。これらが、神と並んで、ほ

んのわずかでも自立していると信仰は認めることができないのです。神を真摯に受け取る人にとって、この両者は、神の中で憩い、神の思し召しに従って存在しているのです。この詩編詩人は、このことを納得するやいなや、ただちに確信を持ち、慰められるのです。なぜなら、神を真摯に受け取ることは、神の恵みの約束を真剣に受け取るということを意味するからです。この恵みがなくなることはありません。そして、神が始められた生の共同体にとっても、死はありえないのです。死が、突発的な出来事のように、外からやってきて、神の恵みを否定することはできないのです。神がそのようなことをすることは絶対にありえないのです。「あなたの知恵によって私を導き、最後には、栄光へと連れ去ってくださいます」。神はかつて人を「連れ去りました」。「エノク」しかり、「エリヤ」しかりです。人をまったく別の、彼岸の生空間へと移す力を、人は昔から、神に属すると考えていました。神にとって、死は神の力の限界ではありえないのです。

しかしながら、イスラエルでは、形而上学的法則のように、すべての人間に効力を持つものがあるとは考えられていませんでした。詩編七三編の詩人もまた、人間の名において、生の名において、そのことを自ら要請することはありませんでした。もし、そうであったならば、私たちはすべてを誤解してしまうことになるでしょう。彼は、まったく逆のことをしたのです。彼は、その約束が外から来る邪魔者によって破棄されることはないという神の救済の言葉に身を任せました。したがって、彼は、神の救いを信じることが最終の安全をも含むという啓示に相応しい人と認められたのです。これは、――自発的ではあるが、直接的な意図ではないと言いたいところですが――人間を死の敷居を超えて連れ出しつつ、かつ神の共同体の中に留める無条件の安全なのです。

この信仰と、彼岸に関する人間的推測、もしくは、神話的・魔術的な性質を持つ考え方とを区別することは私にはできません。この信仰は、まことに単純で、簡素なものです。私たちも、すべて、多少は推測的で、神話的な前提を持っています。したがって、この単純さと簡素さの全体を見ることは、私たちには不可能だからです。

J・ヴェルハウゼン（一八四四―一九一八）はかつて、「宗教的な動機を持った誠実な人たちが、それほど長く、死後の永生への希望なしにありえたのはなぜか」という、意味深い問いを提出しました。私たちは、今まで考察したことから、この（おそらく諸宗教の歴史では実際不思議な）事実は理解可能なことであって、しかも、この問いは事実に即していないと否定することができるでしょう。なぜなら、旧約聖書には、死後の生に対する要求はないからです。それは、人間が簡単に要求できるものでもなく、まして、自分勝手にわがものにすることができるものではないことを知っており、それよりも、人間は完全に神の恵みに依存しているということの方が重要だったのです。この点に関して、古い契約の人々が、諦めの気持ちをもたらす「待つこと（待機）」を余儀なくされたことは確かです。しかし、この「待つこと」は、より根本的な意味を持っています。なぜなら、彼らはそこで、そもそも、生と死とを観察することを学んだからです。つまり、すでに述べたように、その二つが生ける神の自由な賜物であり、定めであることを学んだのです。

しかしながら、このヴェルハウゼンの問いの背後には、もう一つの問題が隠されています。つまり、「待機期間」についての問題です。十九世紀には、古い契約共同体にある「神の経綸」について喜んで語る有名な神学者たちがおりました。彼らの主たる関心は、神が、古いイスラエルと共に持ったであろう考えを探求することにあり、神がその教育原則を、なぜ、ここで施行し、あの時は用いなかったのかを知りうると考えたのです。現代では、このような考えに賛成する人はまったくおりません。彼らは、神の世界に対する意図をおそらく少しばかり多く知りすぎたからだと思います。しかし、この待機期間、つまり、永生への希望の明白な欠如については、あたかも神が自分の共同体に、まず初めに、完全な此岸を与えられたのではないかというふうに説明できるのではないでしょうか。実際、旧約の定めは、神の此岸に対する意志を含んでいます。ここでは、神と、世界と人間との関係についての問いは、キリスト教会はもはや、まったく思いも及ばないでしょう。その熱烈さについては、未来的なもの、つまり、すべての不安が解消されるであろうと人々を誘惑する彼岸によって相対化されることはなく、むしろ、大地と人間は、神の側から、「出口なし」と示されて、それを真摯に受け止めたのです。

そのことについては、一度は明らかにすべきだったのではないでしょうか。私たちはあえて旧約聖書をそのように解釈したいのですが、あらゆる彼岸信仰は、神の此岸に対する意志を無視する明らかな不服従であると言うべきではないでしょうか。それにもかかわらず、神が自由な意志によって、死の彼方に生共同体を人間に提供することを認められたことを、私たちは見てきました。しかし、それは、私たちが旧約聖書を正しく理解したときに、神の手による大いなる奇跡として受け取ることができるのです。

以上、私たちは旧約聖書の信仰証言を一応、旧約聖書自体から解釈してきました。イエス・キリストの復活を通して私たちに授けられた新しい生については語らずに、表面的に見ただけでは、私たちの信仰とは異なるように見える信仰について語ってきました。しかしながら、キリスト者として、死の真の過酷さと、神に対する服従において与えられる真の生について語るこの旧約聖書の証言を、イエス・キリストに結びつけずに読むことはできません。これらの証言はすべて、彼らの仕方で、イエス・キリストの業と成就とを指し示しているからです。まさに、この証言の中には、イエスの裁きと救いがすでに存在しているのです。

原題　Altestamentliche Glaubenaussage vom Leben und Tod.
一九三八年の聖霊降臨日にライプチヒの教会協議会で行われた講演。„Allgemeine Evangelische-Lutherische Kirchenzeitung"（『福音・ルター教会一般新聞』）71, Leipzig, 1938, Sp.826-854 に掲載。

旧約聖書における聖書解釈の諸問題（一九三八年）

何よりもまず初めに、エレミヤ書の注目すべき箇所、一二章を思い起こしていただきたいと思います。そこには、預言者の魂に重くのしかかっていた信仰問題が書かれています。彼は、解答不能の謎と格闘して、絶望に至り、目の前の事柄に激しく抵抗したに違いありません。そこで、彼は自分の苦悩を神に突き付けて立ち向かうのです。彼は、次のような注目すべき言葉で始めます。「正しいのはあなたです。それでも、私はあなたと争い、裁きについて論じたい」。そして、自分が直面している事案を提出します。これは、対決方法としては通常ではありません。エレミヤは、自分の事案を提出する前に、自分が持っている手札をすべて神に見せてしまうのです。自分を圧倒する困難な問題を抱えつつ、神が自分よりも正しく、しかも、神が最終的な言葉を持っておられることを知っているのです。——このエレミヤの箇所は、私たちの問いと熟慮のきっかけを、私たちに教えてくれることでしょう。私たちが今日、旧約聖書について語ろうとするとき、また、その厳しさと暗い面について語ろうとするとき、それでもなお、神が正しく、旧約聖書は私たちの主キリストの書であり、旧約聖書が至るところでキリストの十字架と復活を証言していると言わざるをえないのです。もしも、私たちの理解がまだまだ無力で、実際よりも大きな混乱があるとしても、このような形で問うしか方法がありません。まず初めに跪いて、エマオ途上のイエス・キリストは正しかったと信じると言うほかないのです。イエスは、トーラー（律法）から始めて、旧約聖書がご自身について語っていること、旧約聖書がご自身についての証言であると述べられたのです。それを信じる以外に方法があるでしょうか。このことを前提として初めて、私たちは今日論じる問題について詳しく論じることができるのです。

これこそが、まず初めに私たちが考えなければならないことだと、私は思います。旧約聖書については、他の書物と同じように論じることはできません。まず、旧約聖書をいわば神の手に戻して、それを改めて神から与えていただくならば、私たちの問いに対して、（それが、受け入れがたいものであっても）説明が与えられるという約束が与えられるのです。その約束は、一度限りのものではなく、それを開くたびに、何度でも繰り返し、神から受け取るはずです。それは、ただ単に建徳的な本ではありません。それ以上のものであることを信じていただきたいと思います。私たちは最初から、結論として、旧約聖書を把握する神学的公式がないことを知っております。それは、旧約聖書が神の書であり、絶対に冒すことのできない自由を持っているからです。旧約聖書は、つねに私たちの介入を免れようとします。それは、私たちの神学的な問いの中に、それを自分のものにしようとする欲望が存在しているからです。私たちは、公式や基準を求めようとしますが、旧約聖書は支配されることはありません。しかしながら、そのことは、私たちキリスト者には、旧約聖書を解明する努力をする義務がないということを意味するのではありません。今こそ、神学者たちは、旧約聖書の秘密について語るべき時なのです。つまり、ひとまず自分で処理し、完成させたいという私たちが持つ頑固な我欲を粉々にするような、自由や、秘密について語らなければなりません。ですから、ある種の大げさな嘆き悲しみをひとまず抑える必要があるのです。神は、私たちに旧約聖書を喜んで与えられました。そこでは、不思議さと不愉快さとすばらしさとが一つになっています。神は、私たちに手ごろな公式を与えることを拒絶されました。したがって、最も重要なことは、あなたがたが簡単な神学的公式を信用しないことなのです。

私たちは、もちろん、人間の側から行うそれぞれの重要な努力は不要だとみなして、正しい理解に立ちはだかる本来的な困難さを矮小化してはなりません。教会がマルキオンの時代から、今日に至るまで――あるいは意識的に、あるいは無意識的に――抱えてきたすべての困難の原因は、いったい何だったのでしょうか。そのことは、この旧約聖書をいわば素朴に、それ自体から解釈するのではなく、一つの事実（factum）、つまり、完全に旧約聖書の外にある出来事から読むことと関係しています。このことは、実際、私たちに不安を与える事柄です。私たちは、世界文学のいかなる書物に対してもそのようなことは行わないでしょう。もし、そのような読み方をするならば、読者に求められる本への集中は奪われてしまうでしょう。しかし、旧約聖書に対しては、そのようなことを行うのです。私たちは、注意深く旧約聖書を読むのですが、その際、同時に、少しだけ枠をはみ出て、目と心をもって、旧約聖書がその名前すら知らない一人の人を探すのです。このような読み方をしなければ、その本に含まれている最高のものを読み取ることができない本など、世界にあるでしょうか。いや、ないでしょう。しかし、私たちは旧約聖書に最高の権威を与え、そうすることによってこそ、その最高のものを読み取ることができると言いたいのです。そのようなことが理解できる人はいるでしょうか。

したがって、キリスト教の歴史の中で、このような緊張を維持できなくて、イエス・キリストへのまなざしを同時に持ってこの書を読むことはできないと言う人々がいたとしても、当然理解できます。このような確認は、当然のことながら、いかなる時代においても、一貫して、「旧約聖書は、新約聖書とは異なる神について語っているのだ」という主張へと続くのです。マルキオンの場合も、十九世紀の宗教史学派の場合も基本的に同じなのです。そこでは、新約聖書からこの事象は確定されるというだけです。福音書記者や使徒たちが、いろいろな仕方を通して、「神への入り口は、イエス・キリストを通してのみ存在し、神はイエス・キリストにおいて語り、イエス・キリストにおいて、神はわれわれとの関わりを持つ」という、この一つだけを証言するのであれば、簡単な問いのみが提出されるのです。つまり、旧約聖書が新約聖書と共に、ほんとうに、神のキリストによる啓示について語るのであれば、その証言は、実際に、何らかの意味でキリスト証言であるのか、それとも、そのことを否定するのか、その場合は、旧約聖書が持つ、多くの注目すべき特殊性にもかかわらず、それを、他の諸宗教と同列に並べるほかありません。最も良い場合でも、何らかの範例的な意義を認めることはできるかもしれませんが。しかしながら、第三の方法はないのです。多くの痛みのもとで、実りのない長い弁明があったにもかかわらず、私たちは教会の中で再び、この「あれか、これか」を明らかにしようとしています。そして、今日、すでに、二つの立場が、かなりはっきりと浮かび上がってきています。W・フィッシャー（Wilhelm Vischer, 一八九五―一九八八）の警告がひろく広まるようになってから、これとは別の見方に対するきわめて真面目に受け取るべき弁護の声を、E・ヒルシュ（Emanuel Hirsch, 一八八八―一九七二）が『旧約聖書と福音の説教』の中で明らかにしました(1)。ヒルシユとフィッシャーがそれぞれの仕方で語ったことを超えて、基本的には、それ以上のことを言うことができないように見えます。少なくとも、今まで、旧約聖書の神学的解釈について書かれた多くの真剣な書物は、それに比べれば、実際、きわめて些細なものになってしまいました。

これから、私に与えられたテーマを公正に扱うために、問題を二つに整理したいと思います。一つは、批判的な学問を通して出てきた特別な問題について語り、次に、旧約聖書のキリスト証言の問題について、基本的ないくつかについて語りたいと思います。(訳註1)

I

「神は、かつて預言者たちを通して、多面的に、また多様な仕方で、先祖に語られたが、この終わりの時代には、御子を通して私たちに語られました」。ヘブライ人への手紙の綱領的な序言が述べる注目すべき点は、古い契約と新しい契約の啓示の一致です。そのことが、続くすべての詳論の基礎として最初に置かれているのです。それは、神が「語る」ということです。旧約聖書では、先祖たちに対して、新約聖書では、私たちに語られるのです。このことに関しては、新約聖書の中では、一致しております。よりアレクサンドリア的に論争を進めるヘブライ人への手紙も、ファリサイ派的な教育を受けたパウロも、マタイもヨハネも、彼らの証言は多様で、重要な神学的色合いを持っていますが、ヘブライ人の手紙一章一節が語っている点では、すべてが一致しているのです。しかし、ここで、ヒルシュは異議を申し立てます。旧約聖書から論議するこのようなやり方は、今日、もはや不可能であると言うのです。真理に対する感覚に根深い変化が起こっているのであって、私たちには、このような仕方で、旧約聖書の証言を、預言の証言として用いることは許されないと言うのです。この点については、次のことに注目しなくてはならないでしょう。新約聖書における旧約聖書の引用に関しては、具体的で実際的な引用の仕方と、引用される以前の旧約聖書の本来の見解とを区別しなければならないのではないでしょうか。具体的な引用方法に関しては（いろいろなものが応用されています！）、一般的な真理に対する感覚が大きく変化しつつあることについては、真剣に言及されています。しかし、もっと重要なことは、新約聖書の人々が証言している旧約聖書に関する根本的な見解でしょう。もし、いくつかの箇所で、事実に沿って引用されていないと言うことができると思うならば――私たちは、もっと正確に検討しなければなりませんが――、その引用の中に、キリストを通しての旧約聖書の成就に関する証言が、今なお、解きがたい残滓として残っているのです。そして、このような旧約聖書に関する見解は、引用された旧約聖書の箇所から得るのではなくて、そのつど、繰り返し具体的に詳論しなければなりません。旧約聖書の引用は、しばしば誤解されてきたと、私は思います。したがって、旧約聖書の完全な中心箇所がそのつど、いつも指示されるべきだとは思いませんが、なるべく、預言の最高の効果については、指示すべきだと思います。新約聖書の人々は、旧約聖書全体がキリストを証言していると考えていました。このような中心的な証言に対して、個々の引用は、疑いもなく後退してしまいました。福音書記者や使徒たちは旧約聖書全体が成就されているという視点から、旧約聖書の中に踏み込み、あれこれ旧約聖書に近づきながら、強く連想しつつ書いたのです。旧約聖書の至るところに入り込むということは、旧約聖書が全体的にキリストを指し示していると、彼らが考えていたことを示しています。私たちが旧約聖書のキリスト証言に、使徒たちのように完全な形で耳を傾けていないことは明白です。そもそも教会の歴史の中で、それ以降、福音書記者や使徒たちの場合のようなことは起こらなかったと言えるかもしれません。

私たちは、教会の歴史の中で、おそらく最初の特別な状況に立っています。私たちすべてを不安へと駆り立てる状況です。百年以上にわたる学問的研究は、歴史、文学、考古学、イスラエル宗教に関して、それまでの教会が旧約聖書解釈について考えたこともない情報を明るみに出しました。私たちは、もちろん、この新しい知識を喜び過ぎて過大評価したいとは思いません。今日すでに、それほど確かではないことが多く明らかになっています。むしろ、多くの点で、伝統的な見方が再び（少しばかり修正されて）見直されています。多くのことが、たしかに新しくて、興味深いのですが、神学的な問題と関わるものが比較的少ないのです。とはいえ、きわめて中心的な事象も少なからず存在しています。キリスト教会にとって、何百年も重要で、慰めを与えてきた考え方がなくなってしまいました（一連の事象は、「原福音書」の場合にすでに始まっています）。そして、それに代わるものが出てきましたが、みじめで、腹立たしいものでした。大学における私たちの特別の状況もこれと同じです。長い間教会で語られてきた、旧約聖書の多くの箇所が、語られなくなっているという状況は、私たちにとって、困難な問題です。そして、そのことから、私たちの特殊な試練が生じるのです。つまり、私たちが、そのような当惑の中で、この特別の状況から飛び出すことができる、場合によっては、飛び出さねばならないと考えるよりも、伝統的な解釈に戻ってしまうのではないでしょうか。いずれにせよ、――これが現代の状況なのです！――人は、できれば不確かな領域から退き下がり、素朴な聖書主義で満足するのです。もちろん、良心は完全には落ち着かないので、それが、聖書から正しく聞いているのかどうか、という問いは残ります。

このような批評的な学問の介入を、古い聖書の読み方を洗い流す雷雨のようにみなす時代が来ていることを、私たちは認めざるをえません。お分かりでしょうか。教会の解釈は、伝統的なものに凝り固まっている点で、まさに、ドケティズム（キリスト仮現説）への傾向を持っています。実際に僕の姿を取った人（の意味）を弱めてしまったり、理想化の意識が秘密のうちに働いて、聖書とその内容に打ち勝ってしまったりするのです。新約外典の福音書は、キリストの人としての名誉を挽回し、人間の間尺に適合させてしまいました。そして、旧約聖書の場合にも同じことが起こっているのです。それは、人間を通した（kata anthropon）、実際的な、目に見える預言、すべての矛盾を否定してしまう預言です。驚くべきことが、旧約聖書の解釈の中に巧みに持ち込まれたのです。ここでは、批評的な学問が影響を与えていることは明らかです。聖なる空間に聖書のみが備えられた教会に、聖書の人間性［聖書が人間によって書かれたこと］を示し、聖書の証言は時代に制約されたものであるというテーゼを強要したのです。教会はその点について、まずショックを受けました。しかし、そのショック（訳註2）を通して、教会は、異邦人バラムによって、もう一度ひそかに祝福されたのではないでしょうか。少なくとも私は、十九世紀に成し遂げられた批評的な、巨大な学問的業績の中に、聖書に対する内在的な服従のようなものを読み取る内的な自由を取り返したいと思います。今日の騒々しい主張に――今はまだ主張でしかないのですが――おとなしく、ねばり強い、没我的な仕事が続くかどうかは、いまだ明らかになってはいません。このような聖書解釈方法を嫌う動機が、フランツ・デーリッチュ

(Franz Delitsch, 一八一三―九〇) の時代にもしあったならばとも思いますが、この老人は、「史的考察方法は、宗教改革時代以降初めて教会に与えられたカリスマであり、われわれは、そのことを喜びたいと思う」と書いております[3]。

私は、批評的学問の侵入が多様なものを同時に運び込んだことを知っております。それらに対して、私たちは決然と対抗すべきだったのです。しかし、私たちがまずなすべきことは、膨大な資料を整理することでしょう。そうすることによって、実は、ただ単に侵害されたのではなくて、多くのことを、新しく見ることができるかもしれません。地滑りによって、隠れていた地層が明るみに出されたのですが、そのうちの多くが、そもそも、まだ神学的に検討されていないのです。

断言法と決疑法という、二つの神の戒律が、神学的にまったく異なるレベルの上に併存しています[4]。この点に関しては、一度とは言わず、何度でも繰り返し、神学的に詳しく検討しなくてはなりません。祭司資料の祭儀規定の場合、現実の歴史が取り扱われているのではなくて、まったく特定の神学的関心が逆投影されているのです。これは、一種の信仰からの要請であって、伝来の判断を変えているのです。考古学は厳密な方法を確立しました。その結果、エリコの最も新しい破壊は、(ヨシュアによる) カナン移入の時代より、何百年も以前に行われたのであり、このことは、ヨシュア記六章の神学的評価にとって、まったくどうでもよいということにはなりません。「神はヤフェトを広げよ」という言葉は、従来まで長く考えられてきたようには、理解することができません。預言者の場合、預言者の言葉と、本来の神の言葉とを神学的により厳しく峻別しなくてはなりません[5]。十戒は、契約更新祭に「生活の座」を持っていますから、旧約聖書の救済の約束の中心に属しています。これらのことはすべて、神学的解釈にとって、重要ではないというわけではありません。

私はかつてエレミヤの告白を取り上げ、エレミヤの場合の証言の意味を捉え直すことが、このような認識からいかに必要とされているかを示そうと試みました[6]。結果として、このような批評的な認識から、旧約聖書を神学的に解釈することは可能であると考えました。このことに対して反論することも必要かもしれません。なぜなら、教会はエレミヤの告白を正しく理解しているからです（カルヴァンがそうです！）[7]。ここで、私たちは決断しなくてはなりません。読み手としての私は、単独ではありません。私より前に聖書を開いた多くの人々の読み方、聞き方に支えられ、それに依存していることは確かです。しかしながら、私が読むときは、それを初めて手にして読むのです。聖書が今語っているか、どのように語っているかを読むのです。聖書が、私以前に、多くの人々に語ったというのは事実です。しかし、それだからといって、私に生きる力を与えてくれるわけではありません。聖書が私にも語るかどうかということの方が、心配なのです。（私は教会に連なっているにもかかわらず）あたかも、それを初めて読むように、そのようにして聖書を読むのです。今・ここで（hic et nunc）、私に開かれたことに、すべてがかかっているかのように、私が今、それを正しく聞いているということに多くのことが無限にかかっているかのように、読むのです。まさに、私たちのような状況の中で、このような読み方が大胆な行為であることを、前の世代の人々よりも、より多く感じています。

さて、ここで、私たちにこの大胆な行為を示してくれる一つの例を取り上げましょう。創世記九章二七節は、私たちが実際に聖書に耳を傾けるか、教会の伝統に従って読むか、その岐路を示す箇所です。ノアが酔っぱらった事件の後、カナンに対する呪いと、ヤフェトに対する祝福が語られます。

「神はヤフェトを広げ、セムの天幕に住まわせる」。教会は、この言葉の中にメシア的な預言を読み取ってきました。ヤフェトの子孫もセムの真の宗教に参加するであろう。一つのエクレシアにおいて、両者は一つの民になるであろうと。しかし、このような解釈全体が私たちにとって問題となりました。テキストはいったい、セムの宗教とその信仰への参加について語っているのだろうかと。しかし、このような古い伝統的解釈が揺らいでいるときに、ハンス・ヘルバルト（Hans Hellbardt, 一九一〇—一九四四）の解釈学上の註釈を受け入れることは、困難でしょう。彼によれば、著者たちの見解や意見を根拠づけることが重要なのではなく、その言葉自体を理解するほうが本質的であると言うのです[8]。しかし、著者たちがどのように考えたかを知らずに、その言葉をどのようにして理解できるのでしょうか。ここでは、二つの道が開かれています。教会の理解、他の誰でもない理解をもとに、彼らは聖書を正典として、自分たちの存在根拠としたのですから、教会がこのテキストから聞き取ったことのみを問題にするか——この方法は、聖書をバビロン捕囚のように、教会に閉じ込めることに導くと確信しますが——、それとも、たしかに教会はキリストに従って、旧約聖書を正典として承認したけれども、この聖書はまったく自由であり、それぞれの時に応じて新たに聞くことができるのであって、教会はそれゆえ、自分たちの教えをつねに聖書に聞くことによって点検する心構えを持つことが必要です。では、創世記九章二七節は何を語っているのでしょうか。まず初めに取り上げねばならないのは、二つの簡単な事柄です。この箇所では、宗教や、ヤフェトによるヤハウェ信仰の継承が問題になっているのではなくて、セムとヤフェトが共同して住む領地として開かれた（＝ヤフェト）、つまり、セム自身に属していた土地に、ヤフェトの広がることが望まれているということです。今日では、この句が、聖地カナンにペリシテ人が住むという問題を示していることは疑問の余地はありません。これが一つです。

もう一つは、この句は、直接的な意味で、預言として理解することができず、むしろ、歴史的な事実に直面しているということを認識する点にあります。ペリシテ人は、ヤハウェの導きの下で、この地を手にしました（神以外にこのような権力を持つ者が考えられるでしょうか）。預言の形をとっているのは、このことが、神の長期的なご計画によるという確信があるからです。これは、決して予定外の幕間劇ではなくて、神の歴史統治の奥深い秘密に完全に属しているのです。しかし、私たちの解釈は、これで終わったのではありません。この問い全体に、きわめて大きな不安をもたらす事柄が関わっていることを知るべきでしょう。イスラエルにはカナンの地が約束されたはずではありませんか。イスラエルに対抗する者はいない。神はいかなる反抗をも征服すると約束されたのではなかったでしょうか。今は、もう土地取得は終了しているのです。――しかし、ペリシテ人もカナンの地に住んでおります――「セムの天幕の下で！」。これは、信仰にとっては良くない「とげ」です。これは、旧約聖書の最も中心的な事柄であり、果たされることのなかった神の救済の約束を語っているのです。

「どこに罪があるのか。私たちの主は、いつも完全に全能であるのか」

と反論することもできるでしょう。このことについて、創世記九章二七節において信仰が答えています。そうです、問題は、神の力不足ではなくて、目的が隠されている神の意志なのです。しかしながら、自らの歴史計画に従って、神がそのようになるようにされたのですから、このような注目すべき導きの中で、神の意志が明らかになった後で、イスラエルが覚悟を決めて、それを受け入れるという課題の前に立ったということだけでなく、人々もその計画を受け入れなくてはならないのです。ここに創世記九章二七節の特殊性があるのです。私が考えているのは、最も神聖な宗教的な考えの一つを、神によって正してもらう覚悟、最もすばらしい希望の一つにも固執しない恭順さのことです。しかし、これらはすべて受動的に耐えるものではありません。いいえ、イスラエルはこの明らかになった神の意志をすぐに受け入れたのです。神が意図されたのですから、私たちもすぐさま、それを望むべきでしょう。「神はヤフェトを広げよ」。このことは、神はいかなる事情があっても、つねに、その救済計画の主であり続けるということの証言以外のものではありません。そして、そのことは、この神の導きの秘密、いいえ、つまずきと言ってもいいのですが、それを理解しないが、見通した人々、「主は御心に適うことを行われる」ということのみを知っている人々によって証言されているのです。私たちは、さらにそれを超えて、この秘密という単語が、通常人々によって使われる場合よりも、比較にならないほどの重みを持った性質を包含していると言わなければならないでしょう。なぜなら、神がどのように隠れているのかということが、イエス・キリストとその十字架において、初めて明らかにされたからです。この文言がキリストを証言しているのかと、皆さんに問われるならば、私は、こう答えるでしょう。これは、最も初期の証言の一つでありますが、ただ、ここでの神の救済行為は、人々の間では、「栄光」(doxa) の中で成就するのではなく、死滅のようなものが想定されているのです。新約聖書の人々が「つまずき」(skandalon) と名付けたようなものの最初のスケッチが描かれているのです。ゲツセマネで最終妥当的に決着がつけられたのは、「私ではなく、あなたの御心がなりますように」という言葉においてです。

ここでは、誤読とか、まったく耳を傾けないという危険を感じつつ、聖書の中に入り込んで聞くという大胆な行為が感じられます。この後者（まったく耳を傾けない）の場合も、これを直視しなければなりません。前に、地滑りの比喩を用いて、伝統的な解釈のガラクタの下に、完全に隠されていた多くのことが、批評的な学問を通して新たに明らかになったことについてお話ししました。もちろん、まだ多くのものが覆い隠されており、教会がかつて水を汲んでいた井戸は埋められてしまっています。今や、私たちはこのような何も語らない箇所との正しい関係を持たなければなりません。そのために、二つのことを申し上げたいと思います。一つは、私たちにとっての旧約聖書の妥当性について、根本的に疑問視することはありません。今日では、旧約聖書の問題は、そもそも旧約聖書そのものが妥当であるという点から展開することが普通のことのように行われています。次に言うべきことは、何も語らない箇所に対する頑なさの背後に、旧約聖書に耳を傾けたくないという根本的な嫌気が隠されているということです。私たちは、旧約聖書の隠れている側面に対して、神学的に諦めてしまった人は、神学的教条主義にとらわれているのです。私たちが旧約聖書に耳を傾けるのは、私たちに洞察を与えてくれる箇所がたくさんあるからではありません。そうではなくて、旧約聖書が語る神がイエス・キリストの父であり、旧約聖書がすでにひそかに主とその到来について語っているという使徒とイエス・キリストの言葉を信じるからです。

他方、私たちはこのような箇所を読むことをもちろん止めてはなりません。読むという私たちの覚悟をなくしてはなりません。このような箇所に関する行為は閉ざされてはなりません。旧約聖書の証言全体を聞いた人は一人もいないのです。二百年後に聖書がどのように読まれているのかも分かりません。それゆえにこそ、私たちは最高の実直さと忍耐が要求されます。私たちに提供されているあらゆる手段を用いてテキストに入り込み、語らせるとき、私たちは最高に実直さを実行しているのです。私たちがテキストをそのまま信頼しないで、公式化された解釈を探し求めるならば、それは決して聞くことではありません。例えば、ある物語において、私たちが説話の湿原に入り込み、史的な事実を示す確かなデータとの関わりが得られないならば、それは、それで、そのテキストの解釈に影響を与えるに違いありません。なぜなら、説話とか、神学的な容器に入った証言は、まったく異なる場合が多いからです。――例えば、申命記のモーセ像は、苦難的な特徴を強調する点で独特なものを持っています。モーセは偉大なとりなし手であり、民の罪の赦しを求めて、神の前で四十日、祈りを捧げ、断食します。そして、最後には、民の代理として、約束の地を前にして死を迎えます。このモーセ像には、後世の人々の信仰が反映していると考えざるをえないでしょう。そして、私たちは解釈者として、この人物像の変化の中に――それは、伝承の中の他の人物像にも起こったことですが――、本質的なものが見えるのです。歴史上のモーセは、おそらくこのような特徴を証明しないからこそ、あたかも旧約聖書の信仰が、この申命記で、「このような大祭司を、私たちは持つべきです」(ヘブライ人への手紙七章二六節)と語っているかのように思えるのです。

II

これまで、私たちは私たちを取り巻く現在の特別な状況について語ってきました。とりわけ、このような状況の中で、私たち神学者に課されている特別な義務と課題について語ってきました。たしかに私たちは、このことを過大に考えたくはありません――「神は時を移し、季節を変えられる」とダニエル書二章二一節に書かれております。それは、いつのことでしょうか――そして、多くのテキストの上にかかっている覆いが取り払われることでしょう。そして、私たちはまた別の問いの前に立つのです。しかし、私たちに迫ってくる問いは、繰り返しのきかない一回きりのもので、避けて通れない厳しさを持っています。もちろん、私たちすべてが同じような責任を与えられているわけではありません。しかし、別の人の関心事の擁護をしなければならないと感じている人にとっては、兄弟愛のために、今日、多くの人々を、意識的にあるいは無意識的に不安にさせる問いを、最後まで考え抜く義務があると思います。

しかし、ここで、根本的な、しかも（解決されないままで）残っている事柄について、もう少し述べたいと思います。私たちは、先ほどの考え方、つまり、私たちは、古い契約の書が主について証言しているという主の言葉を信じる者として、新約聖書から旧約聖書を読んでいます。このことを、もう一度はっきりと言っておかなければなりません。旧約聖書のキリスト証言を、キリストの到来と十字架と復活という事実を考慮して理解しているのです。しかし、これは私たちをキリストへと導く、旧約聖書の、いわば本来的な解釈ではありません。シナゴーグ（ユダヤ教）はつねにキリストなしの解釈の可能性を私たちに示しています。そして、私たちは、この彼らの主張に対して、キリストが肉体をとって現れたという事実からのみ反論しうるのです。しかし、そのことによって私たちは最も困難な解釈学上の問いの前に立たされるのです。では、どのようにしたら、旧約聖書のキリスト証言を理解しうるのでしょうか。どのような仕方で、旧約聖書の中でのキリストと、彼の現存を語ることができるのでしょうか。私の見方が正しければ、今日、つねに繰り返し、旧約聖書におけるキリストの人としての到来という意味で、旧約聖書のキリスト証言を理解するよう誘惑されているのです。ここが、旧約聖書の証言を強制的にゆがめて理解するよう誘導されていく地点なのです。私たちは、キリストの受肉について――たとえ、仮の意味であっても――決して語ることはできないのです。それゆえ、私は、ヨハネによる福音書一章一四節の句を旧約聖書に応用することには疑問を持っています。なぜなら、そうすることによって、私たちは、新約聖書から、成就の今日を奪ってしまうからです。[9]

そこで、私は（ひとまず、他の疑問点は別にして）、創世記二二章のイサクの犠牲のプロセスの中には、イエスの受難が細部に至るまで描かれているというような、つまり、旧約聖書の中にイエスの生涯を示そうとする大胆な解釈には賛成できません。それに対し、私は、こう言いたいと思います。キリストはイサクの中にも、ダビデの中にも、詩編二二編の祈り手の中にも存在されないのであって、キリストは、私たちにとって、テキストの証言の中におられるのです。旧約聖書のテキストは、歴史書も、預言書も、奇跡であれ、約束であれ、歴史計画であれ、導きであれ、神の定められた制度であれ、職位その他であれ、すべて現実の事実を証言しているのです。したがって、キリストは、それぞれの証言の始まりと展開に役立つ多様な具体像の中にはおられないのであって、証言がそのつどごとに語るリアルな対象の中におられるのです。旧約聖書のテキストに対する主要課題は、その視点を把握し、テキストが指し示す事実（factum）を見極めることです[10]。

したがって、あるテキストの視点の特徴を見逃してしまい、テキストが語っている副次的な物語をキリスト論的に取り扱うことは許されません。そこで、私は、旧約聖書がその単元で証言している神のファクタに関して、旧約聖書におけるキリストの真の現存についてのみ語りたいと思います。キリストは旧約聖書のロゴスです。

しかし、私たちは、先ほど引き合いに出したイサクの奉献の物語について、もう少し述べておきたいと思います。釈義者として、私ならば二つのことを指し示したいと思います。最初の節で、この物語が、試練を取り扱っていることを強調しています。私たちは、したがって、この物語を直接に理解するのではなく、この事柄の背後に隠されている理解を探るべきなのです。もう一つは、イサクです。もし、この物語を単純に服従の試練として解釈するならば、この本来の視点を見逃すことになります。なぜなら、イサクはアブラハムに与えられた課題を果たすための任意の素材ではまったくなく、約束の子だからです。神のアブラハムに対する約束は、アブラハムにとって、その子イサクに集約されているのです。そのイサクを捧げるように要求されるならば、そして、それが試練として表現されるとしたならば、アブラハムの前に、約束を犠牲にしてもよいのだろうか、その約束を神に差し戻すことができるかどうかという疑問が出てきます。つまり、彼が、その約束の他でもない恩恵の性格を認めているのかどうか、また、その約束が決して人間的な権利ではなく、それに対して人間の方からは、何も主張しえない約束であることを知っているかどうかということです。これが、このペリコーペの証言であって、この証言の輪郭の中に、神がイエス・キリストにおいて私たちに何を授けてくださったのか、その基本的な、重要な何かを読み取るのは、難しいことではないと思います。イスラエルが具体的に認識したこの問いの事実性の中に、そして同時に、神が見返りを求めておられないという答え、つまり、使信の中にキリストがおられるのです。もちろん、まるごとのキリストではありません。しかし、それは旧約聖書のすべての証言に当てはまるのです。成就は一つですが、約束は多様なのです。このような点でも、旧約聖書におけるキリストの実際の姿は、新約の中での姿とは異なるものです。キリストの顕現という単一の仕方で新約の人々に語られた神は、父祖たちには、「多面的に、多様な仕方で」語られるのです。この二つの副詞句は、旧約聖書の啓示の形式的かつ内容的な多様性を示しているのですが、しかし、明らかに、この啓示の不完全性と暫定性を語る言葉でもあるのです。この点については、いくたびも語られてきました。しかし、途切れなく釈義を続けることによって初めて、正確に了解できるようになる一つの事柄について語る良い機会であるかもしれません。繰り返し、繰り返し、私たちは、終末論的な成就へのまなざしなしに語られた、まったく預言者的でない証言に出会います。しかし、それにもかかわらず、証言がその当時、本来意味していたことを過度に超えて解釈されてしまいます。このようにして、旧約聖書の証言の関心事と、彼自身の証言との間に独特な誤解が生じるのです。つまり、その証言の枠が、旧約聖書の敬虔な人々が持っていた事柄を超えて、おそらく自分の主観的な信仰表象をも超えてしまうときに起こるのです。

その点について、詩編二二編は、教えられることの多い事例です。これは個人の嘆きの歌です。しかし、一度読んでみますと、普遍的な苦難と完全な喪失感について語られていることが分かります。祈り手は、地上地下のすべての力が彼に向けて動員されていることを見出し、そして、もし神の助けがなければ、彼がその餌食になることを知っているのです。そして、後半の感謝の祈りの部分では、彼はすべての共同体、それどころか、地の果てに至るすべての異国民を、感謝と賛美に参加させようとしています。彼は、すべての死者とこれから生まれる者たちが、神の恵みを聞くことのできる神の国（メルカー）を見ているのです。このことを、周知のオリエント世界の誇張法を引き合いに出して、片付けてしまうことはできないでしょう。詩編二二編の祈り手はヒステリックではありません。彼と関わる事柄は、彼自身が知っているよりもはるかに大きいのです。あるいは、詩編一一八編を考えてみましょう。これは、神殿への行進の際に歌われる感謝の歌です。「死ぬことなく、生きながらえて、主の御業を語り伝えよう」（一七節）。ここでは、本来、死を克服した生の継続が考えられていないことは、多少とも明白に言えるのではないでしょうか。祈り手は、おそらく死の病に直面してはいますが、彼の感謝を伝えるまで、神が彼の生命を永らえてくださることを確信しています。しかし、それですべてが言い尽くされたわけではありません。ここでも、言われていることの射程は、はるかに長いのです。この証言は、祈り手の主観的信仰が少しだけつまった樽のようなものです。それは、どういう意味でしょうか。おそらく、満杯ではないでしょう。秘密の部分が残るでしょう。私たちに言えることは、旧約聖書における神と人との対決は、それが生ける神との対決なのですから、このような次元を素早く受け入れるということです。対決が始まるやいなや、最後まで続くのです。出来事と供述が、自ずと、最初の動機を超えて、私たちがキリストにおいて知っている最終のもの、決定的なものを完全に指し示すのです。——しかし同時に、私たちは、「自己理解」という解釈学的な概念が解釈者に対して持つ限定的な妥当性の前にも立たされるのです。詩編一〇三編の冒頭を思い出してください。証言の振り子がいかに大きく揺れていることでしょう。そして、最終的なもの、つまり、あなたの罪をことごとく赦し、あなたの病を癒やし、あなたの命を墓穴から贖い出し、慈しみと憐れみの冠を授ける神について語っています。もちろん、このような認識から、テキストの自己理解を根底的に無視することになってはいけません。誤りを犯さない解釈者は、つねに、まずテキストの自己理解を求めます。しかし、自己理解をはっきり示していないテキストの場合には、そこに「書かれていること」を究明するのは非常に困難なことです。

私たちは、「多面的に、多様な仕方で」について、お話ししましたが、今度は、さらに一歩進めてみなければなりません。旧約聖書の内部において成長が認められるということが確認できるからです。つまり、「より完全な明瞭性、そして、あらゆる面での明確さ」へと前進するということです。したがって、私は、旧約聖書のすべての点がキリストにおける成就に同じ関係を持つ一つの同心円をなしているという考え方には賛成できません。[11] 旧約聖書は神の道を示しています。事実、それはイスラエルの歴史に刻みつけられ、その跡が残っています。旧約聖書の証人たちは、手を挙げて神を指し示していると言われます。しかし、この神の業、その道の跡がついた大地の方に、もう一方の手を伸ばしている姿を補ってみるのもいいのではないでしょうか。真剣に旧約聖書の釈義に関わった人々にとって、証言が、それぞれの具体的な歴史的出来事と不変の対応関係を持っていることが重要な関心事なのです。[12] 証言は、予示的かつ創造的言葉として、歴史的な出来事に先行して、神をほめたたえるか、あるいは、預言者的解釈という意味では、出来事が（預言者の心の中にすでに浮かんでいて）、それについての証言がすぐ後に続くかの、いずれかです。

六書の証言を少し考えてみてください。そこでは、天地創造から土地取得に至る神の道を長々しく記述していますが、最後では、感嘆して、ほとんどペダンティックに次のように結論づけています。

「ヤハウェが先祖たちに約束された土地をことごとくイスラエルに与えられた。……そして、先祖たちに誓われたとおり、彼らの周囲に平安を与えられた……ヤハウェがイスラエルの家に告げられた約束は、何一つたがわず、すべてが実現した」。（ヨシュア記二一章四三節以下）

もし、これが救済史的な成就を意味しているのでなければ、神がイスラエルと始められた道の最初の段階の回顧にどのような意味があるのか、私には理解できません。

イスラエルと歩む神の一回的な道について、別の例を挙げるとすれば、旧約聖書には復活の期待は、まったくありません。私たちは神学者として、この出来事を慎重に扱わなければなりません。このような高い垣根で囲まれた「この世」に、私たちは不安を憶えます。旧約聖書の人々にとっては、もっと不安だったと思います。なぜなら、彼らには、すべての不安を先延ばしにして、解消してくれる「あの世」がなかったからです。むしろ、彼らは、この世の中にある大地と人間を、出口なしにもかかわらず、神から真剣に受け取ったのです。――旧約聖書の戒めは、まさに神のこの世の意志を含んでいます。その徹底さに私たちの教会はもはや思いを寄せることはありません。そこでは、何も相対化されたり、先延ばしにされたりはしません。しかし、現在は、神はこの人間を超越しており、神から与えられる救いすら是認されているようです。奇異な思いを抱かせるヨブのすべての戦いは、このように理解して初めて理解できるのです。彼は人生の限界ぎりぎりのところに立って、彼に差し出された手が、神の手なのか、それとも単なる悪魔の手なのか、それが重要なことなのです。そこで、私たちは問いたいのです。旧約聖書の人々が置かれた、この固有の待ち時間を、摂理と理解してはいけないのでしょうか。あえて付け加えますと、生ける神が自らを啓示されて、その主権を告知されたのですから。これ以上、人間の側から、生の領域について問う必要はないのではないでしょうか。この世に関する神の意志を無視する、この世を信じる信仰を単なる不服従であると決めつける必要はないのではないでしょうか。このような観点に立てば、あの世にある生活共同体について神が提供し、開示してくださることは、純粋な贈り物、自由な恵みとして受け取ることができるのです。

したがって、私たちがつねに救済史の概念について取り組まなければならないことには、疑念の余地はありません。この概念が思弁的なものになってしまう危険が明らかになっているだけに、なおさら、そうしなければならないのです。

私たちは、旧約聖書におけるキリストの啓示の成長について話してきました。最後に、この問題について、もう少し触れたいと思います。この道は、神の道と並行して「人間の本質」（humanum）について重要なことを明らかにしています。つまり、人間自身では分からないのですが、生ける神がそれを明らかにするときに、示されるものです。言い換えますと、旧約聖書では、来るべきキリストだけでなく、キリストを十字架に打ちつける人間をも、明確な輪郭で示されるのです。これが、あの

「キリストはなぜ、このような苦しみを受けなければならないのか」という謎めいた句の意味を明らかにしていると私は思います。まさに、旧約聖書に啓示の現実があるということが、この言葉に反抗する爆発、矛盾の深さを説明してくれるのです。したがって、私たちは、旧約聖書には反神性のより深い深淵が明らかにされているのであり、その他の宗教の場合よりも、デモーニッシュに、形を成さないカオス的なものが出現しているということを理解しておく必要があります。そして、このことは、神の言葉の証言のまったく外だけでなく、いわば、それに反して生じるのです。私たちは、そのような人間性の影をいろいろな証言の中に見ることができるのです。このような陰影、いや、歪みは、旧約聖書の人々が（預言者のように）上から下へではなく、詩編や祈りの中で、下から上に向けて語るときに、当然のことながら、より強くなるのです。なぜなら、下から上への語りとしての旧約聖書の祈りは、生ける神を証言しているのですが、祈り手は、神が共同体に啓示されたことについて、あれこれ語っているからです。しかし、人間には、自分勝手なこと、人間的なことを言葉にするしか他にしようがないのではないでしょうか。私たちは、そこから逃げないで、これこそが、神が人との対話を始められる次元であることを知るべきではないかと私は思います。もっと注意深く観察する人ならば、祈り手がつねに神の自由な約束を横領して、わがものにしようとする自分勝手さを、つまり、初めは、キリストを王とするために伸ばした自分の手が（ヨハネによる福音書六章一五節）、次に、イエスを十字架に打ちつける手に変わるのを見るでしょう。キリストの漸進的な除幕、（神の啓示をわがものとする）人間性（humanum）の暴露、これらをすべて考え合わせると、ヒルシュの「旧約聖書は、福音に至る道、人間の歩みを含んでいる」というすばらしい言葉を自分のものとすることができるのです。

もちろん、私たちが今まで関わってきた考え――旧約聖書の中に現実に存在しているが、また同時に来りつつあるキリストについて、また、啓示の成長について、そして、人間性が与える影について――を振り返ってみますと、これらの事実を一つの簡単な公式にまとめる自信はなくなってしまいます。

旧約聖書を読むということが、重大な過誤に脅かされつつ、さまざまな不服従の道へと誘われてしまう事柄であるということが、私たちの上に、私たちの先祖よりも、重くのしかかっているのです。もちろん、基本的には、私たち神学者にとって、おそらく二つの種類の不服従があるでしょう。この二つとも、聖書の「僕の姿」に関して生じるのです。一つは、聖書を人が作った作品として捉え、ここでは、神は語っておられないと決めつける不服従です。そして、僕の姿と啓示の歴史性を見逃してしまうのです。私たちは、霊（pneuma）とのみ関わりを持ちたいと願い、釈義の中で、仮現説的なキリスト論を追及してしまうのです。誰にでも、そのような誘惑が存在していることを、よく考えてください。

そうすれば、あなたがたの中の多くの方々が、もし、旧約聖書に至る一つの道を示してくれた一つの神学的解釈に対して、何か言われたとしても、誤解することはないと思います。私も、神学的解釈が、小さな釈義では、あちこちで間違っていることがあっても、その点を気にしたことはありません。それに対して、誰が石を投げつけることが許されるでしょうか。もっと簡潔に言わせていただきますが、神は私たちの教会と神学を、旧約聖書に関して、厳しい裁きの場に連れて行かれるのです。私たちは、旧約聖書をルターやカルヴァンの教会が持っていたようには、もはや持っていないというのが事実なのです。私たちは、この裁きの厳しさを、おそらく、もっとはっきりと見るべきでしょうし、旧約聖書がすでに一部であるにせよ、私たちから奪われてしまっているという認識を避けて通ることはできません。私は憂慮しつつ、「すでに」と言いました。もしかして、「まだ」と言うことが許されるのでしょうか。誰にも分かりません。しかし、あたかも旧約聖書が私たちの罪のせいで取り去られたのではまったくないかのように、また、神がこのことに関して、私たちを裁きの場に引き出したのではまったくないかのように、私たちが――最大の誠実さをもって（optima fide）――行動するなら、旧約聖書は得られないことを、私は知っています。

私たちは重大な状況にいるのですから、すべてのことは、私たちが聞いたことを完全に維持して、私たちの旧約聖書に対するまなざしの前につねに覆いかぶさっている垂れ幕を取り除いてくださるよう、聖霊に願うことにかかっているのです。

註

（1） Emanuel Hirsch, Das Alte Testament und die Predigt des Evangeliums, 1936. Wilhelm Vischer, Das Christuszeugnis des Alten Testaments（Erster Band das Gesetz）, 1934.

（2） Hirsch, a.a.O., 68.

（3） Menschliche Aussagungen 3.

（4）A. Alt, Die Ursprünge des israelitischen Rechts, 1934.

（5）H. W. Wolff, Das Zitat im Prophetenspruch; Beiheft 4 zur Evangelische Theologie, 1937.

（6）Die Konfessionen Jeremias, Evangelische Theologie, 1936, 265ff.

（7）ヘルバルトは、「（改革派）教会は、バウムゲルトナーの註解書なしに、エレミヤの告白を正しく理解していた」と述べています。Hans Hellbardt, Die Auslegung des Alten Testaments als theologische Disziplin: Theologische Blätter, 1937, 131; Das Alte Testament und das Evangelium: Melchisedek, 1938, 1910-1944.

（8）Hellbardt, a.a.O., 133.

（9）V. Herntrich, Theologische Auslegung des Alten Testaments, 1939, 16f.

（10）テキストの単元の正確な把握には、最大の入念さが必要です。預言者のテキストの場合、一つの句の間違った付加とか削除は、すべての証言の歪曲につながります。歴史書の場合は、場合によっては、きわめて大きな単元のテキストが、個々のテキストの単元の始まりと展開に役立つという点にも心を開いておかなくてはなりません。

（11）Evangelische Theologie, 1937, 246.

（12）とりわけ、申命記的歴史著作の考察ではそうです。神は、「預言者の言葉が……成就するように」一つの出来事を生起させるのです。これについては、O. Grether, Name und Wort Gottes（BZAW. 64, 1934）の「ダーバールと歴史」の章を参照のこと。

（訳註1）この講演は、かつてフォン・ラートが発表した評論、一つは、W・フィッシャー著『旧約聖書におけるキリスト証言』に対する評論（一九三五年）と、それに対するF・フェルジェス（Fritz

Feldges）の反論『旧約聖書のキリスト証言についての問い』ならびに、H・ヘルバルトの反論『神学的宗規としての旧約聖書の解釈』（一九三七年）に対するフォン・ラートの応答『聖書は二重の意味を持つか』（Sensus Scripturae Sacrae duplex?）の中で展開されるカルヴァン派の旧約聖書理解をめぐる問題が取り上げられる。特に、ヘルバルトは、カール・バルトの考え方に近く、告白教会に属し、若き論客であったが、旧約聖書の排除という危機的状況に立ち向かった（彼の著作はナチによって廃棄文書に指定された）。しかしながら、フィッシャーの「旧約聖書は、全体的にそのままで、直接キリストを証言する」という立場に立つヘルバルトに対して、フォン・ラートは、「あれか、これか」という危機的状況の共有を認めつつも、史的批評的な検証なしに、直接的にキリストを旧約聖書の中に見出すことは不可能であり、旧約聖書の中に述べられる救済史的見方の重要性を説くのである。それは、『旧約における創造信仰の問題』（一九三六年）において、創造信仰を優先するリュトゲルト（W. Lütgert）に対して、イスラエルの場合には、まず救済信仰があり、創造信仰はその後に出てくるとして、ヤハウェの救済行為が旧約聖書の根本的思想であると論じた点と重なり合うのである。

もう一つは、ヒルシュの『旧約聖書と福音の説教』について一九三七年に発表した論文『旧約聖書における律法と福音』である。ヒルシュは「あれか、これか」の選択において、「旧約聖書は本来的に律法宗教の文書であり（二六頁）、新約聖書とは比肩しえない書である。せいぜい、一神教という意味で人類の宗教の古典的なパラダイムでしかない。しかも、その神は、旧約聖書においては大地と歴史に力を奮う恐るべき「隠れたる神」（deus absconditus）でしかない（三〇頁）」と語る。それに対しフォン・ラートは、旧約の民に啓示された神、ヤハウェは「恐怖をもたらす神ではなく、約束と恩寵を与える神である」と考える。彼にとって、旧約聖書は単に新約聖書において成就されるはずの「預言」の書ではなく、まして、「福音」に対比される「律法」ではない。イスラエルの歴史で働くヤハウェはイエス・キリストの父なる神であるからこそ、旧約聖書は教会から除かれてはならないのである。ここに取り上げた論文はすべて、告白教会が関与、出版していたTheologische Blätter誌に掲載された。

（訳註2）フォン・ラートはここで、聖書学研究（バラム）は、教会に対して呪いのみを与えたのではなく、「ひそかに」祝福を与えたと言っているのである。ちなみに、彼は「バラム・ペリコーペ」（民数記二二―二四章）という小論考の中で、領地内を通過するイスラエルの大群に恐れを抱いたモアブの王バラクが見者バラムを呼び出し、イスラエルの民を呪うよう要請するが、結局のところ、バラムは反ってイスラエルを祝福するという物語を取り上げている。彼によれば、この物語の頂点は「神が呪いをかけぬものに、どうして私が呪いをかけられよう。ヤハウェがののしらぬものを、どうして私がののしれよう。私は岩山の頂から……彼らを見渡す。見よ、これは一人離れて住む民、自分を異邦の民のうちに数えない（これも、フォン・ラートによれば、イスラエルの自己理解である［創世記一二章一―三節参照］）」（二三章八―九節）から始まる。バラムが頂から谷下にいるイスラエルの民を見れば、彼らは平安のうちに存在している。このことは、悪魔的呪いに対抗する神の闘いは、人間的な戦闘の外側で行われていることを示している。そして最後にはバラムのカリスマは超越的な神の意志に屈し、現実の目は閉ざされつつも「目を開いて、今ではない、間近でもない彼の到来を見るのである」。「一つの星がヤコブから進み出る。一つの杖がイスラエルから立ち上がる」（二四章一七節）。ここで、バラムは、メシアを、旧約聖書のあちこちで、鳴り響いている、神から送られる、救いをもたらす支配者に触れているのである（イザヤ書一一章一節参照）。私たちキリスト者は、これらの姿の中にキリストのようなものが描かれているのを見るが、しかし、それはその時代に結びついた表象であり、一過的な見解にすぎない。しかしながら、結局のところ、フォン・ラートによれば、たしかに

これらの伝承は古い時代に遡るものであるに違いないが、現在の文脈では、意図のない物語ではなく、信仰の表現であり、一つの教えを伝えるものとなっている。つまり、神は、彼の民の側に立つということであり、民の守護は人間にはなく、地上の力関係にも左右されない。民に対する恐るべき攻撃ですら、民にとっては救いに変わるのであり、バラムさえもイスラエルを祝福せざるをえないのである。この信仰は、決して理屈ではなく、大半は旧約聖書のイスラエルが経験したものであり、教会もまた、その歴史の中で繰り返しバラムに祝福されたことを、告白しなければならないのである。このように、バラム物語は、「神を愛する者たちには、すべてのことが益となる」（ローマの信徒への手紙八章二八節）という新約聖書の言葉を具体化したものである、と述べている。彼にとって、聖書研究は信仰に至る一つの道と考えていたのではなかろうか。Die Bileamperikope, in Deutsches Pfarrerblatt, Nr.4, S.52, 1936.

原題　Fragen der Schriftauslegung im Alten Testament.
一九三八年一月二九日、エアランゲン大学神学者に対する講演。後に Theologia Militans（『闘う神学』）Band 20, 1938, A. Deichertsche Verlagsbuchhandlung, Leipzig として発行。

なぜ教会は旧約聖書を教えるのか（一九三九年）

ヨシュア記の最後（二四章）には、シケムにおける大集会について書かれています。これは、ヨシュアの声を聞く最後の機会であり、イスラエルの全部族が集まりました。ヨシュアは戒めを民に語り、明白な態度決定をするよう民に迫ります。「主に仕えなさい。もし、仕えたくないと言うのであれば、今日、自分たちが選びたいと思うものを選びなさい。ただし、私と私の家は主に仕えます」。民は心を開き、「主を捨てるなどもってのほかです。私たちは主に仕えます。私たちの神だからです」と喜んで答えます。すると、まったく予想外の意外な言葉がヨシュアから返ってきます。「お前たちは主に仕えることはできないであろう。この方は聖なる神であり、ねたみの神だからである」（一四―一九節）――この場面をどう解釈したらよいのでしょうか。「神はお前たちを求めておられます。お前たちは神に仕えるべきです。神はお前たちの上に手を置かれたのです。神はお前たちに対する所有権を告知されておられるのです」。……そこで、民は何の心配もなく「私たちは主に仕えます」と答えると、そのとき、ヨシュアの決定的な言葉が放たれます。「お前たちは仕えることはできません」。

しかし、聴衆の皆さん、実は、旧約聖書全体の至るところで読むことのできることが、この箇所で述べられているのです。それは、多かれ少なかれ、旧約聖書の各章に見つけることができるものです。その一つは、あの「神の選び」です。「あなたは、私のもの、私はあなたの名を呼ぶ」（イザヤ書四三章一節）。このように王のように語る神の介入を、イスラエルは実際には必要としてはいませんでした。彼らは選びを歴史の中で体験してきたからです。そして、もう一つは、「人々、民、会衆」です。彼らは、神の啓示によって、重大な葛藤へと導かれるのです。彼らは、他の宗教が知ることのない問題と困難に直面します。それは、とりわけ、神の意志に対する人間の拒否という罪の問題です。

どうして、そもそも、このような関係が可能だったのか、私たちには疑問です。人間は完全に無力ですから、この関係はたちどころに壊れてしまうでしょう。でも、なぜ、この関係が成り立ったのでしょうか。神が、ただちに救済し、担い、赦すという無限の恩寵を、その業の中で示されたからこそ、可能だったのです。それを、旧約聖書の物語が私たちに示してくれているのです。裁き、かつ赦すという神の不思議な組み合わせです。したがって、アモス書には「地上の全部族の中から、私が選んだのはお前たちだけだ。それゆえ、私はお前たちを、すべての罪のゆえに罰する」（三章二節）と書かれていますが、詩編一〇三編八節では、「主は憐れみ深く、恵みに富み、忍耐強く、慈しみは大きい」と書かれています。

私たちは、このような神の啓示の中でも最も重要な事柄が、古代のイスラエルの街角のあちこちで語られていたとは、たしかに考えられないでしょう。生ける神の啓示を通して、旧約の民の上に成立していた、神の前における人間の真の状況を捉えることができたのは、神の選んだ人々、つまり、預言者たちだけでした。預言者とは、一生涯、人間と神との間に横たわる深淵の傍らに立ち、待ち続けることが求められる人たちでした。そして、神の言葉と業を正しく認識できる能力を与えられた人々が繰り返し登場してきたことは、もちろん事実です。ある預言者たちは、民の過去の歴史を顧み、父祖たちや過去の歴史の中に、神の道と計画を解明しました。また、別の預言者たちは、彼らも文字通り、未来を見通し、来るべき神の裁きと救済について預言しました。この後者の人々は、本来の預言者でしたが、もう一方の人々も、預言者としての全権を委託されて語ったのです。さまざまに入り込んでいる歴史的出来事から、神の計画豊かな業を認識するということは、もし、神の光を受けなければ、私たちの自然の日や分別ではできないことです。では、ここで、彼らが、自分たちの民の歴史と前歴史を貫いている神の道について、何を描いたのかを見ていきたいと思います。旧約聖書をそのまま取り上げ、まず、父祖たちの物語について語り、次に、モーセとその戒め、王たちの歴史について語りたいと思います。これらは旧約聖書の中で、学校の児童たちのための教材としてよく使われている箇所です。

I

あらゆる民族は、自分たちの太古の時代の伝承を持っています。私たちドイツ人の中でも、このような光り輝く古代の人物がたくさんいることを否定する人はいないでしょう。これは、まさに説話の一種なのです。説話の中で、民は自分たちの先祖を美化します。高貴さ、徳性、理想美をもって、先祖を飾り立て、彼ら自身の模範として描き出すのです。このようにして、［ニーベルンゲン物語などに登場する」ジークフリートやハゲネ、グードルーンたちが、時間を超えて光り輝き、子孫たちの模範として、ドイツ人の勇気、忠誠、死を恐れぬ心の例として立っているのです。もし、人々に高貴な人間の模範をはっきり分からせることだけが重要であるとしたら、どうして教会は、ドイツの説話に出てくるこのような高貴な人物たちの他に、アブラハム、イサク、ヤコブ、ヨセフの物語をあえて語る必要があったのでしょうか！　実は、聖書の物語では、まったく別のことが重要なのです！　そのことは、他の民族が特に描こうとしていること、つまり、先祖たちの美化や理想化が聖書の物語には欠けている点から知ることができます。ここでは、先祖たちはまったく修正されずに、まったくリアルに描かれています。そうです、人間そのままにです。そして、彼らは、普通の人間に起こることとは、まったく関係がないということはありません。たしかに、高潔さ、心からの愛情、和解、信仰の持続について多く書かれておりますが、しかし、争い、姦淫、欺き、兄弟憎悪についても書かれています。もし、私たちがきわめて慎重に検討するならば、全体的には、陰の面、暗い事柄の方が実際には、はるかに多いのではないでしょうか。このような冷静なリアルな姿はどこから出てくるのでしょうか。その点についての答えは一つです。これらの人々、アブラハム、イサク、ヤコブは、生ける神の啓示の光の中に立っています。神は彼らと関わり、彼らに語られます。これは、聖書全体においてそうなのです。神が人間の姿を明らかにされるとき、人間の理想像が輝くのではなくて、人間が人間として露わになるのです。そして、人間が突然、まったく新しい光の中にいる自分を見出すとき、今まで、まったく見ることのなかったものが見えてくるのです。しかしながら、このような人々やその特質だけに集中して観察するのは、いけないことかもしれません。なぜなら、この物語は、その人々ではなく、神のために語られているからです。つまり、神が、これらの人々に関わる計画や道を露わにされたことが語られているのです。それぞれの物語の中で、隠された方法であれ、明らかな方法であれ、人間が自分では知ることのできない、神の行為が重要なのです。

ヨセフ物語を取り上げます。この物語の冒頭で、登場人物が紹介されています。嘘ではありません。全員が血と肉を持った人であり、溢れる情熱に駆り立てられています。依怙贔屓する父、思い上がったヨセフ、この両者に不満を抱く息子たち（このようなことは、身の回りによくありませんか）。話はどう進行していくのでしょうか。事件はどんどんもつれていきますが、読者は、ヨセフの素性が明らかになるシーンで安堵します。読者は解放され、すべてが調停されたように見えます。しかし、まだ残りがあるのです。兄弟たちのやましい気持ちが鎮っていなかったのです。老父ヤコブがエジプトに移住して一七年後、老父は亡くなります。そこで、兄弟たちの間に疑惑が出てきます。もしかして、ヨセフは父に配慮して、復讐を延ばしていたのではないだろうか。もしかして、彼は何も忘れずに、復讐の機会を待っていたのではないだろうか（このようなことは、私たちの間にもあるのではないでしょうか）。読者がこれで話が終わったと思うその時に、語り手が最も大きな葛藤を持ち出すというのは、なんという精巧なやり方ではないでしょうか（創世記五〇章一五―二〇節）。この箇所で語り手は、ヨセフ物語の最も内面的な秘密を明らかにするのです。「恐れることはありません。私も神の下におります。あなたがたは、私に悪を企みましたが、神はそれを善に変えてくださったのです」。これは、ヨセフ物語で最も重要な言葉です。授業では、必ず、この物語全体を意味づけているこの句に向かって、物語を解き明かしていくことが必要でしょう。奇妙なほど長く、この語り手は、私たちを引き留めてきました。そして、そもそも神については、まだ、まったく適切に語られてはいません。最後になって、物語は秘密を露わにするのです。神がすべてを動かしてきたのだと。もう誰もそのことを信じられなかったところでも、神がすべてを取り仕切っておられるのです。しかし、どうしてそのようなことができたのでしょうか。人間は実は全員自分の意志を持って行動しています。しかし、出来事の必然性に従って、一人一人が連なってきました。神が埋め合わせをする隙間があったでしょうか。私たちには何も見えません。しかし、実はそうではないのです。出来事の中に、人間の心と思いの中に――そうです。誰もあえて言わないのですが！――人間の罪の中に神は働いて、すべてを奇跡的に導かれるのです。ヨセフ物語は、神の導きの物語です。私たちは、そのような導きはもういらないと言えるでしょうか。このような恩寵をもはや必要としないと確信できるでしょうか。いいえ、皆さん、私たちは、子供たちの信仰が確固たるものとなり、神の導きを信頼するよう、彼らにヨセフ物語を教えたいと思います。

では、次に、ヤコブ物語について話したいと思います。この物語は、多くの点で、ヨセフ物語に似ています。ただ、私たちがより以上のことを要求するということを別にしても、この物語の方が、人間の情熱はまだまだ奔放ですし、死に物狂いで陰謀を企んでいます。頑固な老人のイサク、狡猾なヤコブ、単純で野性的なエサウ、自分の好きなことだけを求める愚かな母、これは何だか普通ではありません。しかし、このことは、人間の間ではよくあることではありませんか。そして、この物語の中の彼らの行動をよく見てみますと、全員がしぶとく自分に関わることのみを追い求めているのです。このはばかることのないエゴイズムから、何という苦しみと不満が生じるのでしょうか！　盲目の老人は子供を祝福することなく亡くなり、母は息子を手放さなければなりません。ヤコブは逃れ、兄弟たちは憎しみ合います。家族の崩壊です。この点は、ヨセフ物語の場合と似通っています。ヤコブは、長い年月を経て故郷に帰ってくるとき、昔、犯した罪がよみがえります。兄との対決がヤコブの心に重くのしかかってきます。彼は神の前に深くへりくだり、「主よ、あなたが僕に示してくださった、すべての慈しみとまことを受けるに足りない者です」と語ります(創世記三二章一一節)。しかし、物語は少し奇妙なことを述べています。「ヤコブは、避けられないエサウとの対決が不安になってきた」。ヤコブは、このことを最大の困難と考えていたのです。一夜明けて、ヤコブがヤボクの渡しを渡ろうとしたとき、それよりも、はるかに困難な対決が彼を待ち受けていることを知るのです。暗闇の中での神との闘いです。しかし、前の調子とはまったく異なっています。「あなたが私を祝福してくださるまで、行かせません」(創世記三二章二三―二七節)!

私たちはもちろん、この内的な関連を明らかにしなければなりません。もし、「欺きの物語」をそのまま受け取って、「これを、自分の子供たちに模範としたいですか」と問うとしたら、それは、単純に言って、歪曲です。そうです、ヤコブはそもそも模範的人物とは言えません。絶対にありえません。すべてのものを自分のものにしたがる人、見境なしに(他人の宗教にまで踏み込んで!)我を通す人、そのような人をヤコブの中に見出すことができます。そのような意味では、ヤコブは模範とはなりません。しかし、すべての人々の中に、絶え間なく現れる代表ではあるでしょう。しかし、神がこのヤコブと関わりを持たれたという重要点が、ここで、やっと明らかになります。神がヤコブに最も重大な試練を与えたことも確かですが、それは、この物語の最も重要な点ではありません。そうではなくて、神がこの地上でなされる救済計画の中に、ヤコブのようなものを関係づけ、恩寵の受け手とされたことです。神は、ヤコブにおいて、罪を義認する恩寵を露わにすることを好まれたのです。このことが、ヤコブ物語の実質的な内容なのです。したがって、この人のいかがわしい陰謀、羽目をはずした我欲も、神の約束を無にすることはできないのです。人間のわがままや、しぶとさも神の業を止めることはできません。「神の業は、誰も止めることができないのです」。そのことを知ることは、慰めではないでしょうか。しかし、神の祝福を争い求めること、このような争いの中に、祝福が呪いに変わるということはないのでしょうか。これが、もう一つの私の疑問です。

II

族長物語は――モーセ物語とは異なって――福音的です。人を支え、救い、赦す神の愛についての証言を含んでいます。その限りにおいて、「律法が入り込んできたのです」(ローマの信徒への手紙五章二〇節)というパウロの言葉は正しいのです。出エジプト記を開くと、そこには別の風が吹いています。神の「意志」が、戒めの形をとって明らかにされ、そして、この神の意志は、民のわがまま、頑迷と強く衝突するのです。そこで、私たちはこの過ちについて触れなければなりません。つまり、出エジプト記と申命記にある旧約の律法は、イスラエル民族の法であると言われる点についてです。あらゆる民族が自分たちの倫理的感情を特定の規則にまとめたように、旧約の戒めも、その民の血と良心に与えられた民族法であって、したがって、私たち(ドイツ人)には、意味がないと考えられている点についてです。しかし、実際は別なのです。出エジプト記二〇章には「民全員は、雷鳴がとどろき、稲妻が走り、角笛の音が鳴り響いて、山が煙に包まれる有様を見た。民は見て、恐れ、遠く離れて立ち、モーセに言った。『あなたが私たちに語ってください。私たちは聞きます。神が私たちにお語りにならないようにしてください。そうでないと、私たちは死んでしまいます』」と書かれています。そうです。民は自分たちの戒め、血族の声を聞いたのではありません。旧約の民は、この神の意志を、本当は、彼らだけのものとして、彼らの胸の内から出てきた戒めとして聞いたのではないのです。そうではありません。それは、外から、そして上から語られたのです。この古いシナイでの物語は、民が神の声を聞くことを通して、生命の危機にさらされたとまで語っているのです。

これはいかなる「法」なのでしょうか。これらの戒めは何を示そうとしているのでしょうか。これは、神から人々に向かって叫ばれた「大いなる神の主権」と関わっているのです。そして、それぞれの戒めは、この神の唯一の「主権」を展開し、個々の生活領域に適応されるのです。人間がその存在を広げていこうとする至るところで、自分勝手に支配しうると思っているところで、この神の主権が特に重要な関心事として告知されるのです。つまり、神の語りかけが、すべての生活領域に行き渡ると言ってもよいかもしれません。とりわけ、公の場で、法的生活で、市場で、経済において、しかも、家庭の中でも、私的な所有関係にも、性的生活の面にも行き渡るのです。この神の意志は、人間生活の隠れた隅々にまで及び、人間すべてを完全に差し押さえてしまうのです。したがって、民がこの神の意志を再三拒否し、神に逆らうようになったとしても、不思議ではありません。しかしながら、これらの人たちを、あの「金の牛の物語」の中で、怒り狂って十戒の石板を地面に叩きつけ、粉々にしてしまったモーセの側についた人々と同一視するのは正しくありません。主なる神は、この会衆に絶望してはおられないこと、僕モーセよりも忍耐強く、恵み深いということを、強く心に留めるべきでしょう。そもそも私たちは、神の戒めの中に、また人間生活が神によって差し押さえられているということの中に、神の救いの意志、特別な神の恩寵を学び取ることが重要なのです。神が、人間生活に秩序を与えることを引き受けられること、そして、人間を混乱の中に放置されないで、神の秩序に従った生活を示すこと、これこそ、神の大いなる恩寵ではないでしょうか。旧約の会衆自身は、まさにそのように戒めの啓示を受け取ってきたのです。長い詩編一一九編には、このような神の意志啓示の奇跡に対する感謝と驚きが書かれています。「神は私たちに、そのすばらしい戒めと定めとを示してくださいました」。これが実は、これらの祈りの言葉においてつねに響いている基本的な考えなのです。この啓示された神の意志の中で、生活、真の生活が人間に提供されているのです。申命記三二章では、モーセの最後の告別の挨拶の中に、力強く説得力に満ちた言葉を読むことができます。「今日、あなたたちに与えるこの言葉は、決して空しい言葉ではなく、あなたたちの生命です」(四七節)。

「生命」という言葉は、聖書の中では、私たちが日頃いつも考えがちなこととは、たしかに異なっています。この「生命」は、人間が自明のものとして持っているものとは異なっていて、もしかしたら、不思議な力、神秘、それ自体が神聖であるかのようなもの、ある意味で、神の尊厳の重要性や神聖性もその影を失ってしまうほどの、神聖な威厳を持っています。でも、それは違っています。生命はつねに神の手から与えられる賜物なのです。人はただ――不思議なことに!――神の意志と調和するときにだけ生命を持つのです。不服従の中で生きる生命は、神の前ではすべて価値を失った生命です。モーセが最後の挨拶で、生命と死について語った言葉を聞いてみましょう。「見よ、私は今日、命と死をあなたの前に置く。私が今日命じるとおり、あなたの神、主を愛し、その道に従って歩みなさい。私は今日、天と地をあなたたちに対する証人として呼び出し、生と死をあなたの前に置く」（申命記三〇章一五―一九節）。

このところで、生と死について語るというのは、なんと珍しいことではないでしょうか。あたかも聴衆がすでに、生と死の両方を持っているかのように語っているのではありません。人間には、生と死という運命が与えられていて、誕生から死に向かう道の半ばに立っているというのではありません。まったく違うのです！　神の言葉を聞くことによって初めて生か死かの決断を迫られた聴衆に語りかけているのです。――神の言葉を聞くことによってです！　これこそが、この物語から得られる中心的な印象です。民全体が神の言葉と関わっているのです。たしかに、つねに、それを拒否しつつも、しかし同時に、神の啓示にのみ、神の言葉にのみ、人間にとっての生命があるという確信が深く深く根付いていくのです。「主よ、あなたを呼び求めます。私の岩よ、私に対して沈黙しないでください。あなたが沈黙しておられるなら、私は墓に下る者とされてしまいます」（詩編二八編一節）。

これが、神の戒めに関する旧約聖書の言葉です。戒めにおいて、人は生命を与えられているのです。そして、戒めは神の恩寵の意志を表す啓示なのです。しかし、このような神からの提供があったにもかかわらず、人間の側に何があったのでしょうか。戒めは人間の共同生活に秩序を与えてはきませんでした。人間の心には、神の救済の意志を進んで受け入れることができなくて、少し別のことが入り込んできたのです。人々は従来の古い道を歩んできました。そこに、神の人や、預言者が現れて、大きな力を奮って、旧態依然の倫理的、宗教的態度を改めようとしたとき、人々は途方に暮れ、混乱に陥り、そして最後には、人と神との間の分裂が大きくなり、昔よりも、より深くなってしまったのです。

III

このような人間の道、急増する反神性を私たちに示してくれるのは、旧約聖書の歴史書です。この歴史書をそのように読むならば、それは、まさに「律法が入り込んできたのは、罪が増し加わるためでした」という使徒パウロの言葉（ローマの信徒への手紙五章二〇節）を図示しています。「しかし、罪が増し加わるところには、恵みがなおいっそう満ち溢れました」という後半部分も、旧約聖書の歴史書に当てはまるのです。したがって、ここでも、族長物語が、他の民族の説話と比べて独自のものを持っているように、旧約聖書の歴史書も、他の民族の戦争・王国・英雄物語と同じように比べることはできません。旧約聖書の歴史書は、人間のために書かれているのではなく、神のために書かれているからです。神の導きに栄光が与えられ、神の意志がほめたたえられるのです。著者が神を見上げ、神に深く義務を負っていたからこそ、彼らはまったく独自な仕方で、人間に対して自由な立場に立って書くことができたのです。彼らの目は、憎しみにもへりくだりにも曇ることはありませんでした。このような歴史家は、人間的な好みにも嫌悪にもとらわれることなく、人間と運命、上のものも下のものも、高貴なものも下級なものも、賢明なことも愚かしいことも、実に正しく、強烈に書くことができたのです。もちろん、過去の偉大な人物や出来事に関する温かい真の関わりを至るところで、垣間見ることができます。しかし、そうだからといって、その人たちに対して、何が神の前で悪であり、何が神の目に罪と映るかを、はっきりと示すことを止めたりはしませんでした。

ここで、光り輝く人物ダビデのことを考えてみましょう。この王には、人を屈服させるような何かがあったに違いありません。今日でも、古い書物から、そのようなものが私たちのところに匂ってきます。しかし、彼もまた、激情を抑えることのできない人でした。悪の力にたちどころに支配されてしまう人でした。旧約聖書の歴史書がこのように公平かつオープンに語るということは、すばらしいことではないでしょうか。たしかに、好き好んで、偉大な王の姿を貶めたのではありません。しかし、一人の預言者が宮廷に現れて、神に代わって王に告知したのです。このことは、民の歴史の中に書き記すほど価値があったのでしょうか（サムエル記下一二章）。民は、暗いバト・シェバ事件など、すぐにでも忘れたかったでしょうに、しかし、歴史記述者にとって、民の考えと判断はまったく判断基準にはなりませんでした。預言者が神の名において、王に裁きを述べた後、この出来事は際限のない重要性を持つことになりました。かくして、この出来事は、地上における神の国の歴史の中に、鉄のような不滅の文字で書き込まれたのです。そして、旧約聖書の歴史書は、地上で彼の右に出ることのない、ただ一人の人を、理念と疑念とで描いているのではなくて、神がその人に臨み、語り、この人と関わることを決断した、そういう人を描いているのです。――このような視点のもとで、この民の歴史書は書かれているのです。旧約聖書の物語の著者は、このような歴史の流れを追い求め、この民、王たち、預言者ら、宮廷人たちが、神の主権に従えという勧告に、どこで従い、どこで拒んだのかを尋ねるのです。これらの人々や王たちは、他の歴史書であれば、明らかに最高の王として評価されるほど注目されたかもしれないのですが、旧約の歴史書では、生涯の最後には、厳しい判決が下されるのです。「彼は、主の目に悪いことを行った」。

このように、著者は、民の自己の歴史を自分の側から観察して書いたのではありません。外面的な地上の歴史の中に、神の歴史を見て認識すること、それは、人間が思案してできるものではありません。それは、神が人間に啓示してできることなのです。民がどのようにして、とりわけ列王記上下二巻にあるような歴史記述に至ったのか、それは興味深い問題です（いや、それ以上かもしれません！）。多くの血と、それ以上の涙が流れ、大きな悩みと苦しみが人間を襲った後になって初めて、その歴史を語ることができたということも付け加えておきたいと思います。バビロニアのネブカドネツァル王のとき、エルサレムは占領され、住民の大半は、捕囚となり、国土はバビロニアの属州になっていきました。故国の地からの追放は、おそらく最も困難な出来事であったでしょう。しかし、それよりも重くのしかかった困難は、神が民を見放し、民に対する神の救済の歴史が止まってしまったという認識でした。列王記の著者は、歴史の空間の圧迫と残酷さから離れて、神から遠く離れてしまっているという認識を持って私たちに話しかけているのです。彼らは、神が彼らに背を向け、彼らを見放したことを知っているのです。そして、何が彼らをそう仕向けたのか、それが焦眉の問いなのです。どうして、そのようになったのか、そこで彼らは、一頁一頁、頁を繰りながら、今までの民の歴史を振り返り、一つの絶対的に明白な、避けることのできない結論に至るのです。それは、民の罪だったのです。

神にはまったく問題がありません。彼の寛容と忍耐とは限りがありませんが、人間の側には、不実と異神礼拝とが積み重なって、巨大な罪となるのです。これらの人々が、大きな災いの中で、自ら判断して罪を求めたのですが、後代の人々が、これらの出来事を読んで、自分たちの祝福のために、この悔い改めの書から学んでほしいと願いつつ、これを書き留めたのではないでしょうか。それは、決して小さなことではありません。

もちろん、故郷を遠く離れた捕囚の中での状況が、この民の歴史書の執筆にとって、好都合な条件であったのかどうかと問うことができるでしょう。それ以降の歴史を体験しなかった人々、つまり、いわば、空白の歴史空間に立っていた人々が、歴史的出来事に対する正しいまなざし、正しい基準をいったい持っていたのでしょうか。私は、この歴史記述の中で、多くの事件や政治的葛藤が、すべて正しく描かれていないかもしれないこと、また、統治する王についても、多くのことが誤って書かれていることを認めたいと思います。しかし、神の摂理がこの民を歴史の喧騒の中から取り出し、あの内面的な歴史を見るようにと、そもそも教えたのも、一つの神秘ではないでしょうか。勝利と敗北、革命と同盟ではなく、一つの民が神と共に体験する歴史も存在するのではないでしょうか。古い契約の会衆は、この歴史が、罪に対する神の裁きの歴史であることを、あえて証言したのです。

およそ七〇年後、イスラエルは捕囚の地から帰国しました。しかし、一つの民族、一つの国家として存在することはありませんでした。ペルシアの属州、次にギリシアの属州、そして最後にはローマの属州となったのです。神の裁きと救いについての生きた証言は黙り込むようになりました。しかし、そこで、人々は、神が自らを啓示されていた時代に書かれた書を集成し、完結することができたのです。

そして、そこにイエス・キリストが到来され、今まで誰もやったことがないような仕方で、旧約聖書をこじ開け、読み、教えられたのです。ルカによる福音書二四章にあるように、「モーセとすべての預言者から始めて、聖書全体にわたり、ご自分について書かれていることを説き明かされた」のです（二七節）。

私たちキリスト者は、イエス・キリストを待ち受ける準備をするために、旧約聖書の物語を読むのです。これらの歴史はすべて、もっぱらイエス・キリストにおいて明らかにされたように、神の裁きと救いを私たちに示しているのです。多少、覆いがかけられてはいますが、明らかにキリストを啓示しています。そして、私たちには、それを読み、それをドイツ国民に伝える権利の他に、何があるでしょうか。それが美しく、意味深いから、読んで教えるのではありません。イエス・キリストが、啓示の源として、旧約聖書を指し示されたからそうするのです。「それは、まさに私について証言している」とイエスは、ヨハネによる福音書で語られています。しかし、旧約聖書の人々を私たちの模範としようとするならば――しばしば起こることなのですが――、彼らが神とキリストについて啓示していることが何か、それに注目することを止めてしまうのです。

サムエル記上三章には、幼いサムエルの話が書かれています。彼はシロの聖所の老エリのもとで、祭司になる備えをしています。たしかに、シロには聖所があったのですが、物語が語るように、「主の言葉が貴重になって（＝主の言葉が臨むことが少なくなって）いました」。しかも、「エリは年老いていて、彼の目はかすんでいた」と語り手は付け加えています。さて、夜になって、サムエルは主の箱の前で眠ります。神の灯はまだ消えてはおりません。そのとき、神の呼ぶ声が少年に届きます。少年は最初当惑します。神の言葉について、まだ何も知らされてはいなかったからです。彼はエリのもとに走ります。エリはその呼び声を理解し、自分の持ち場に戻るよう命じます。しかし、もう一度、神に呼びかけられたならば、「主よ、どうかお話しください。僕は聞いております」と言うように命じます。そして、少年サムエルは、実際そうしたのです。この短い物語は、多くのことを教えてくれます。私たちの子供に、神の呼びかけが、いつ、どこで、どのように来るのか、私たちにはどうすることもできません。この物語は、「神の言葉が、そもそも、その地で貴重なものに（＝聞かれなく）なっていた」と述べています。しかし、このような時代においても、神は、自分の言葉を、自ら望む人に述べる自由を持っておられることを示しています。どうか、神が私たちの子供に呼びかけてくださいますように！　私たちにはそれができません。しかし、呼びかけを受けるために、子供たちに準備をさせること、それならば、私たちにできます。彼らに神の偉大な業について教えること、若い魂がつねに目覚め、待ち続けさせること、それならば、私たちにできます。そして、大いなる神の呼び声が彼らに届くとき、それを受け入れ、「主よ、語ってください。僕は聞きます」と語ることができますように。そうあれかしと願っています。

原題　Warum unterrichtet die Kirche im Alten Testament?

一九三九年四月一六日　イェーナ・ルター福音教会での講演。An der Lebensquelle（『生命の泉の畔で』）Evangelische Gemeindebote für den Kirchenbezirk Baden-Baden, 20, 1939, SS.47-59 に掲載。

補論1　イェーナ時代のG・フォン・ラート

荒井章三

旧約聖書学者であったゲアハルト・フォン・ラート（Gerhard von Rad, 一九〇一—一九七一）は、ナチと深い結びつきを持った政治的宗教団体「ドイツ・キリスト者」が圧倒的な力をふるい始め、そしてその牙城となったイェーナ大学で教鞭をとっていた時代に（一九三四—一九四五年）、神学部内で、孤軍奮闘しつつ、創造的な論文をいくつも発表した（この時代に書かれた主要な四つの論文は、すでに『旧約聖書の様式史的研究』と題して翻訳出版した。一九六九年、日本基督教団出版局）。しかし、それと同時に「告白教会」に与するものとして、旧約聖書の存亡をかけて講演を行ったことも忘れてはならない。本書はその講演録の翻訳集である。いろいろな会衆を対象に行われた講演には、神学論争のようなものも含まれている。彼がなぜこのような講演を行ったのか、その背景を少しだけでも知っていただくために、やや、詳しく、イェーナ時代に彼の周りで起こった出来事について述べさせていただきたい。

カール・バルト（一八八六—一九六八）の『ローマ書講解』（一九一九年初版）を読む

一九二一年　エアランゲン大学神学部に入学

彼は、一九〇一年一〇月二一日、ニュルンベルク市立病院の精神科医カール・フォン・ラート（Carl von Rad, 一八七〇—一九四九）とエルゼ（Else von Rad, geb. Spitta, 一八七五—一九五六）の子として生まれた。しかし、数学を苦手としていたため、父と同じ道を選ばず、少年時代から、ゲーテやヘッセの文学や、モーツアルト、ベートーヴェン他の音楽に親しんでいたこともあって、文科系への道を模索していたが、ニュルンベルクの聖ローレンツ教会の教会学校でカール・バルトの『ローマ書講解』を読む会に出席し、その影響を受けたことが、契機となり、一九二一年エアランゲン大学神学部に入学した。最初と最後の二年の間は、エアランゲンで過ごし、中間の二年間はテュービンゲン大学で過ごした。しかしながら、この四年間に、旧約聖書に特別に興味を抱くことはなかったようである。

一九二五年　牧師になるための第一次国家試験に合格　反セム主義的な「ドイツ・キリスト教会同盟」に接触

一九二五年牧師になるための第一次国家試験に合格するが、当時は、牧師になるということしか念頭になく、牧師補として、バイエルン領邦内のいくつかの教会で務めを果たしていたが、そこで、聖書の使信の「ドイツ化」を主張し、正典としての旧約聖書の非正典化を求める反セム主義的な「ドイツ・キリスト教会同盟」（Bund für Deutsche Kirche, 一九二一年に設立）に初めて接触する。旧約聖書をキリスト教の正典として教義的に認めないという主張は、古くはマルキオン、近くはA・ハルナックの唱えるところであったが、この主張を反ユダヤ教と関連づける運動は、第一次世界大戦での敗戦後とりわけ社会史的現象として顕著になっていた。旧約聖書と新約聖書を共に自明の正典と認めるルター派プロテスタント教会に属するフォン・ラートは、そのアジテーションの真偽を見極めるべく、休暇をもらい、再び、エアランゲン大学に戻って、本格的に旧約聖書の研究に専念することとなった。これが、反セム・反ユダヤ主義を標榜する「ドイツ・キリスト者」(Deutsche Christen)とは異なる道へと進むことになる第一歩であった。

一九二八年　博士論文『申命記における神の民』完成

そして、グライスヴァルト大学から転任してきたO・プロクシュ教授(Otto Procksch, 一八七四―一九四七)の指導によって『申命記における神の民』(Gottesvolk im Deuteronomium)を一九二八年に完成、博士論文として提出した。彼は、ヨシヤ王の治世第一八年(紀元前六二二年)に発見された「律法の書」が(列王記下二二章三節以下)「(原)申命記」であり、その発見を契機にヨシヤの宗教改革が行われたという従来の仮説を論文の出発点とは認めず、申命記本来が持つ意味の発見に集中し、申命記は、神の民イスラエルに対するモーセの語りの総括であると結論する。フォン・ラートにとって、以後、申命記は、彼の生涯にわたる重要な研究テーマの一つとなった(『申命記研究』一九四六、『申命記註解』一九六四)。

一九二八年　第二次国家試験に合格　アルブレヒト・アルト教授の助手となる
一九三〇年　教授資格論文『歴代誌的著作の歴史像』完成
一九三一年　「幕屋と神の箱」

一九二八年　ナチ党として初の国政選挙。一二議席を獲得
一九三〇年　この年の選挙でナチ党は第二党の地位を獲得
一九三二年七月三一日　国会議員選挙二三〇議席を獲得し第一党となる

一九二八年、第二次国家試験に合格する。一九二九年、神学部のヘブライ語補習教師となるが、大学教師の道を選ぶか、牧師の道を選ぶかの選択を迫られる。しかし、プロクシュ教授の推薦と、何よりもプロクシュ教授の友人であるライプチヒ大学のアルブレヒト・アルト教授（Albrecht Alt, 一八八三―一九五六）の熱心な勧めもあって、彼の助手となり、彼から、生涯を貫く学問的思考を形成する刺激を受けることとなる。その間の経過については、H・W・ヴォルフ（Hans Walter Wolff, 一九一一―一九九三）による「ラートとの対話」（Gespräch mit Gerhard von Rad）他に詳しいが、ここでは省略する。(1)
そして、一九三〇年、教授資格論文として完成したのが、『歴代誌的著作の歴史像』（Das Geschichtsbild des chronisitischen Werkes）である。それまでアルト教授の助手を務めていた先任者M・ノート（Martin Noth, 一九〇二―一九六八）がケーニヒスベルク大学教授に招聘されたため、その後任の私講師として、

主としてヘブライ語を教え、プロゼミを担当することとなった。同時に、月刊神学誌『キリスト教と学術』(Christentum und Wissenschaft, 一九二五—一九三四)において、ノートが担当していた旧約関係の書籍批評欄も受け継いだ(第六巻九号一九三〇より終刊まで)。ちなみに、ノートは、この欄において、ラートの『申命記における神の民』について好意的な批評を書いている(第五巻一二号五〇七頁)。

一九三三年に発表した論文等

「神の民にはまだ休息が残っている」

「イスラエル王国とペリシテ人」

「偽預言者たち」

一九三三年一月三〇日アドルフ・ヒトラー　首相に任命される

三月五日　国会議員選挙にてナチ党四三・九%の票を獲得、二八八議席を得る

三月二〇日　最初の強制収容所、ダッハウ強制収容所の設立

一九三四年一月一六日ドイツ・ポーランド不可侵条約の締結

一月三〇日「ドイツ国再建に関する法」成立。各州の主権がドイツ国に移譲され、州議会が解散される

一九三四年、フォン・ラートにイェーナ大学への招聘の話がもちあがる。テューリンゲン州にある、一五五八年創立のイェーナ大学は、ナチ台頭までは、神学部、法学部、医学部、哲学部、自然科学部

の五学部からなるリベラルな総合大学であった。古くは、文豪フリードリヒ・シラーはもちろん、フィヒテ、シェリング、ヘーゲルなど多くの文人・哲学者を輩出し、旧約聖書学でも、デヴェッテ（W. M. L. DeWette, 一七八〇―一八四九）が有名である。十八世紀末から十九世紀初頭にかけて、イェーナ大学は、そのリベラルさで有名であり、多くの学生を集めていた。

しかし、時代を経てヒトラーが台頭するとともに、大学では、ナチ学生同盟が多くの学生の支持を受け、とりわけヒトラーが首相就任した一九三三年の学友会選挙では、多数の票を獲得した（一九三四年一一月一〇日、シラー生誕一七五周年を記念して、大学の正式名は、フリードリヒ・シラー大学と改められた）。そして、ナチのＳＳの優生学部門の長をしていた、カール・アステル（Karl Astel, 一八九八―一九四五）が、一九三三年に、大学教授資格なしに、医学部教授になり、「人種改良・優生学研究所」（一九三五年以降「優生学・人種政策研究所」に改称）を開設すると、彼の指導の下に、一九三三年六月一四日から一九四三年末までの間に、およそ一万四千人に対して強制不妊の手術が行われた。また、大学から約四〇キロ離れたブーヘンヴァルト（Buchenwald）強制収容所（一九三七年設置）と医学部病理学との関係も強められた。

イェーナ大学の精神を支える学部は、ドイツの他の大学と同様、神学部であった。当然、神学部でも、ドイツ・キリスト者の影響が強くなっていく。しかし、一九三〇年代の前半はまだ、他の大学ほどではなかったが、ナチ党員であり、かつ「ドイツ・キリスト者」として最初に神学部に送り込まれたのが、Ｗ・マイアー（Wolfgang Meyer）であった（一九三五年自分の姓名が、ユダヤ人とみなされるのを恐れて、Wolf Meyer-Erlach と改名する）。彼は、バイエルンのラジオ伝道者にすぎなかったが、「教会運動ドイツ・キリスト者」のメンバーであった。しかし、一九三三年、教授に必要とされていた教授資格論文はもちろん、博士論文すら書いていなかったにもかかわらず、実践神学の正教授に任用される。その結果、実践神学の正教授であったW・マーホルツは教授職を奪われ、「宗派学」(Konfessionskunde) というマイナーな学科目の担当にされた。彼はドイツ・キリスト者に与しない教授であった。

このマイヤーの就任劇には、一九三三年、テューリンゲンの牧師から同州の文部大臣になったS・レフラー (Siegfried Leffler, 一九〇〇―一九八三) の存在を見逃すことはできない。彼は、ナチに協力し、イェーナ大学をドイツ・キリスト者運動の牙城となさんとする政治的な目論見を持っており、一九三七年に「ドイツ・キリスト者運動」の帝国指導者となる。

一九三四年　イェーナ大学神学部教授となる

マイヤー教授就任に次ぐ人事は、一九三四年に定年を迎える旧約聖書学のW・シュテルク (Willy Staerk, 一八六六―一九四六) 教授の後任人事であった。そもそも、旧約聖書学の講座はもはや不必要ではないかという意見もあったが、レフラーとマイヤー (←エアラッハ) は、ナチ主義的神学者を新たに加えて神学部を強化しようとして、人事を進めることにした。レフラーが残した記録によると、「マイヤーは二人の候補者の名を挙げた。一人は、ナチ党員のテュービンゲン出身の比較的年長の候補者であり、もう一人は、二九歳で若いナチ党員で、きわめて学才のあるライプチヒ出身の候補者であった。私はマイヤーに、とにかく一度、ライプチヒ出身の候補者に会ってみたいと答えた。年長の方は、問題にならなかった。ザクセンにおける旧約聖書の神学的進展には適応できないと思ったからである。私は、三四年三月一五日、マイヤーと共にライプチヒで、彼——フォン・ラート氏という名前だった——を吟味することができた[2]」。レフラーは、ラートの年齢と、彼がナチ党員であるという認識で間違っているが、彼らの誤認は二人のみならず、神学部に後々まで大きな影響を与えた。もし、彼らが二月にライプチヒで彼の講演を聞いたとしたら、異なる結果になったであろう（一八一頁参照）。

フォン・ラートは、かつて学んだエアランゲンかテュービンゲンで教えたいという希望を持っていたようだが、その希望は実らず、「ドイツ・キリスト者」の拠点となりつつあるイェーナ大学に正教授として迎えられることとなる。彼の採用には逸話が伝えられている。すでに、ドイツ・キリスト者の拠点となりつつあったイェーナ大学に彼がなぜ招聘されたのか、それは、彼がライプチヒ時代に、G・キッテル（Gerhard Kittel, 一八八八—一九四八）が編集した『新約聖書神学事典』（Theologisches Wörterbuch zum Neuen Testament）（この事典は、新約聖書の基本的なギリシア語の概念を解説するものであったが、それに対応する旧約聖書の語彙・思想をも解説する点に特徴がある）に、「天使」「王国」の旧約聖書の部分を執筆していたからであるという。ちなみに、フォン・ラートは、イェーナ大学就任後の一九三五年には、「サタン」「似像」「平和」「生命」「日」を、一九三八年には、「イスラエル」を執筆し、戦後の一九五四年にも「天」の項目を執筆している。キッテルは、E・ヒルシュ、P・アルトハウスと並んでナチに協力した三大学者の一人であった[3]。このように、フォン・ラートの学問的履歴には問題がなかった。そのうえ、当時、彼は、詳しい事情は分からないが、SAに属していたらしく、それが大きな利点になったと思われる（彼は、一九三七年にSAを退会している）。彼の前任のシュテルク教授は、リベラルで、ドイツ・キリスト者には反対の立場をとっていたので、当局としては、彼と反対の立場の教授を求めたのであるが、彼自身は、フォン・ラートが書いた論文のほとんどを読んでおり、しかも、神学書評誌に好意的な書評を掲載していたのである。

ちなみにその当時の教授会のメンバーは、シュテルク教授を別として、組織神学のハインリヒ・ヴァイネル（Heinrich Weinel, 一八七四―一九三六）、教会史のカール・ホイシ（Karl Heussi, 一八七七―一九六一）、宗派学のヴァルデマール・マーホルツ（Waldemar Macholz, 一八七六―一九五〇）、新約聖書学のエーリヒ・ファッシャー（Erich Fascher, 一八九七―一九七八）、実践神学のヴォルフガンク・マイヤー（Wolfgang Meyer, 一八九一―一九八二）の正教授たちであり、彼らが招聘すべき正教授の選考に当たった。その他に、助教授、私講師、ヘブライ語、ギリシア語の教師などがいたが、彼らには、人事に関与する権利はなかった。この時の学部長はマイヤーであった。この中で、筆者にとって懐かしい名は、K・ホイシである。彼の大著『教会史要綱』（Kompendium der Kirchengeschichte）は、古代教会史を学ぶ折の有益な参考書であった。ヴァイネルはリベラルな学者であり、ホイシも彼に近い教授だった。ホイシは、弁証法神学の影響を受けており、教授会では、中立的立場をとることが多かった。したがって、ファッシャーとマイヤーのみがドイツ・キリスト者であった教授会は、当局の誤解もあって、フォン・ラートを正教授として採用したのである。

フォン・ラートは一九三四年一一月二四日、「旧約聖書における既成宗教とヨブ問題」という題の就任演説を行ったが、残念ながら、原稿は残されていない。一九三四／三五年冬学期の「講義要項」

によれば、フォン・ラートは、月、火、木、金の一一時から一二時に「イザヤ書」、同じく、一二時から一時に「旧約聖書入門」の二つの講義を、木曜日の夜六時半から八時に「申命記」に関する演習を担当した。イェーナ時代のフォン・ラートが唯一信頼しうる教授は、告白教会に近いマーホルツ教授のみであり、彼が一九三八年に引退すると、フォン・ラートは、四面楚歌の状況下に置かれることになる。

一九三四年に発表した論文等（*は、本書に収録した講演である）

『旧約聖書を通してのキリスト教入門』*（アルト／ベークリヒ／ラートの講演集）

『六書の中の祭司資料』

「歴代誌的著作におけるレビ的説教」

「アブラハム、イサク、ヤコブの神」*

一九三五年　ニュルンベルク法成立（ユダヤ人の市民権否定と公職追放）

イェーナ大学での「ドイツ・キリスト者」の勢力

一九三五年にマイヤー・エアラッハが学長となる。そのときの得票数は、一二九票のうち、わずか八票であったにもかかわらず、彼は、大学行政に権力と影響力を及ぼすようになり、ヒトラーのために尽力することを、礼拝においてさえ公言するようになる。

この年を境に神学部の状況は劇的に変化する。一九三六年夏、キリスト教はナチズムとは異なると唱えるローゼンベルクの主張にかねてから反対していた新約聖書学のファッシャー教授が、「教会運動ドイツ・キリスト者」のメンバーであったにもかかわらず、ナチズムに傾倒する一学生の問題提起を契機に、テューリンゲン領邦教会教務局の介入を受け、最終的には、文部省の命令により、ハレ大学神学部に転任させせられることになった（一九三七年四月）。

同じく一九三六年一〇月一日、組織神学のH・ヴァイネルが突然死亡した。後任者選びが始まるが、ドイツ・キリスト者の大きな力が及ぶ。フォン・ラートとマーホルツは、H・ティーリケを含む何人かの候補を挙げたが、すでに、ヴァイネル教授の代講者としてライプチヒ大学から来ていた、ナチ党員のH・E・アイゼンフート（Heinz-Erich Eisenhuth, 一九〇三―一九八三）が選ばれ、一九三七年に正教授となった。

さらに、ファッシャー教授の後任選びが始まると、フォン・ラートとマーホルツは、G・ボルンカムを推したが、W・グルントマン（Walter Grundmann, 一九〇六―一九七六）が選ばれた。これには、ドイツ・キリスト者側の周到な準備が予めなされていた。その前年に、テューリンゲン領邦教会当局から、大学に「民族神学」の講座を新たに作り、その講師としてW・グルントマンを任用してもらいたいという要請があり、大学当局は、ついでにその講座を拡大して「新約聖書と民族神学」として、グルントマンを私講師として任用した。一九三八年に教授資格論文なしに正教授に任用される。一九三九年二月、「イエスの山上の説教の最古の形態と本来の意味についての問い」の教授就任講演を行った。彼はその中で、ルカによる福音書六章二〇―四九節の部分には、ユダヤ的、旧約的モチーフはなかったと主張している。一九三九年五月六日、アイゼナッハに『ドイツ教会生活に与えるユダヤの影響の究明およびその抹殺のための研究所』（Institut zur Erforschung und Beseitigung des jüdischen Einflusses auf das deutsche kirchliche Leben, 翌年「抹殺」は取り除かれる）が成立し、グルントマンが研究部長として「ドイツ神学と教会の課題としての宗教生活の非ユダヤ化」（Entjudung des religiösen Lebens als Aufgabe deutscher Theologie und Kirche）と題する開所式典の発題講演を行った。イェーナ大学神学部内に研究所を置きたかったグルントマンの希望はならなかった。当時の学長アステルが、そもそも神学部自体を大学から排除したいと考えていたため、研究所を大学内に設置することは、彼の目的に反することになるからであった。この研究所は、非ユダヤ化という目的に即して、「聖書」「賛美歌」「信仰問答」の改定・出版を行ったが、「聖書」については、補論の「『神の使信』（『ドイツ・キリスト者（ナチ）版聖書』）について」を参照していただきたい。一九三三年二月「信仰運動ドイツ・キリスト者」に属し、ドイツ・キリスト者の二八テーゼの編纂の折には、イエスは、人種のような人間的カテゴリーを超越した存在であり、イエスにユダヤ人とかアーリア人とかのラベルを張り付けることはできないと主張していたにもかかわらず、一九四〇年出版の『ガリラヤ人イエスとユダヤ教』では、ユダヤ教徒と闘う人間イエス（ユダヤには属さないガリラヤ出身の）を描いている。E・ヒルシュも同様な考えを持っていたらしい[4]。旧約聖書を否定するグルントマンは、フォン・ラートにとっては、敵対的存在であったはずであるが、彼がグルントマンの研究成果に直接論究した様子はまったく残されていない[5]。御用学者は所詮御用学者にすぎないと見切っていたからであろう。

一九三五—三七年に発表した論文等
一九三五年　「旧約聖書のキリスト証言」（フィッシャーの著書に対する評論）
一九三六年　「旧約における創造信仰の問題」
　　　　　　「エレミヤの告白」
　　　　　　「バラム物語」
　　　　　　「旧約聖書における律法と福音」（ヒルシュの著書に対する評論）
一九三七年　「旧約聖書の不変的な意義*」

一九三八年一一月九日夜から、翌未明にかけての水晶の夜事件が起こる
　　ナチ党員と突撃隊がドイツ全土のユダヤ人住宅、商店、シナゴーグなどを襲撃、放火。これを機にユダヤ人に対する組織的な迫害政策がさらに本格化していった
一九三九年九月一日　ドイツ、ポーランドに侵入、第二次世界大戦始まる

一九三七／三八年の冬学期以降、グルントマン、マイアー・エアラッハ、アイゼンフートの三人は、神学部教授会で主導権を持つようになり「ドイツ・キリスト者」の中でも最も極右的であった「教会運動・ドイツ・キリスト者」（=テューリンゲン・ドイツ・キリスト者とも呼ばれる）の代弁者となっていく。一九三八年九月三〇日に、マーホルツ教授が強引に早期退職させられることになり（ちなみに、彼は第二次世界大戦後の一九四五年、再び実践神学の教授に復職し、一九四八年に再度退職している）、フォ

ン・ラートの孤立はますます強くなる。ただ、ホイシの中立的態度のみが頼りであったが、それでも、教授会内では、「ドイツ・キリスト者」の勢力を止めることはできなかった。

テューリンゲン領邦教会のドイツ・キリスト者は旧約聖書学講座を神学部から排除しようと画策していた。その講座の土台をなすヘブライ語習得の排除がその第一歩であった。一九三八年一一月一五日、アイゼナッハの領邦教会参事会から、「第一次牧師試験には、今後ヘブライ語取得は必要なし」という通達が神学部に伝えられると、学生会も次のような声明を出して同調した。

イェーナ、一九三八年一二月一四日

わが民族は今日、永遠のユダヤと決戦の場にいる。ドイツの生活のあらゆる領域において、ユダヤの狂信の徹底的な分離が行われている。ドイツ精神の牙城である諸大学において、ユダヤのパラサイトに残された場はどこにもない。しかしながら、神学部は依然としてカナンの言語を試験の必須言語として要求している。ドイツ民族を自覚する我等イェーナ大学神学部の学生にとって、われわれの学問の唯一の基準は「民族」である。我等は、性向と直覚に反して、ヘブライ語の学習に我等の価値ある力を浪費したくはなかったのである。ヘブライ語の研究は、研究者への道を歩む人のみに残されてよいであろう。この点に関しては、われわれの講師たちと意見が一致している。われわれは、応分の処置と指示を通して、道を開くことを願う。

（E. Stegmann, Der Kirchenkampf, S.105）

一か月後の一二月一二日、教授会は、領邦教会の試験委員として、この見解に賛同し、ヘブライ語は全学の自由科目となった。

一二月一四日、フォン・ラートは当時の学部長ホイシと連名で帝国文部大臣に次のような書簡を提出している。

国務大臣殿

本年一二月一二日に、イェーナ大学神学部は、テューリンゲン領邦教会の試験委員会の資格を持つのでありますが、テューリンゲン領邦教会評議会の決議によって、今後、第一次神学試験においてヘブライ語の知識を求めないという通達を受け取ったのであります。したがって、ドイツ・キリスト者の大学学生会が、ヘブライ語の履修必須を除外してもらいたいとの願いを貴下に電報によって伝えたということもあって、下記に署名したるわれわれも以下の見解を貴下に提案する次第であります。

まず第一に明らかなことは、旧約聖書の世界を学術的に理解するには、その言語の精神のある程度の知識なしには考えられないという点であります。旧約聖書講座の維持をしつつ、ヘブライ語を断念せよとの要請は、釈義の清廉潔白性と規則性とに悪影響を与えるのみであります。

さらに強調すべき点は、新約聖書と旧約聖書との密接なる結びつきを鑑みれば、新約聖書の学術的研究は、旧約聖書の基本概念の学術的に基礎づけられた見解、ならびに、ヘブライ語の精神の理解なくして、まったく不可能であります。大学の教師であるならば、自分の学術的研究の結果を、易しい形で聞き手に伝えることができるでありましょうが、大学の目的である、彼ら自身の研究上での自立へと導くことは困難であります。ヘブライ語を排除することは、学生たちの間に分断を生じ、clerus minor（下級聖職者）を生み出すことは必然でありましょう。

この変更による、さらなる結果は以下の通りであります。本イェーナ大学の本専攻において研究もしくは教授職を目指して学ぶことが、もはや期待できぬのであれば、他大学の学生が転入する可能性がなくなる点であります。何となれば、他の学部生が神学部への転入のために試験を受ける場合にも、ヘブライ語の知識を前提としているからであります。そればかりか、基準統制下に努力しなければならない今日、テューリンゲンの特別規定は、試験そのものに混乱を生ずる結果をもたらすでありましょう。他の教会では、かくなる承認を延期しているという証言も出されております。

われわれの主たる願いは、福音主義教会の学問的標準の低下を防ぐことにあります。もし、福音主義の牧師が、一貫教育の堅実さに関して、外国もしくはカトリックの聖職者に後れを取るようになりますならば、きわめて残念に思う次第であります。

以上、イェーナの神学部が特別規定によって、他の神学部から孤立することのなきよう貴下の威信をお示しくださるよう国務大臣貴下に願うものであります。

ハイル　ヒトラー！

教会史正教授
カール・ホイシ

旧約聖書学正教授
ゲアハルト・フォン・ラート

帝国文部大臣殿
ベルリーン

(S. Böhm, "Gerhard von Rad in Jena" S.237)

この書簡に返書があったかどうかは不明である。いずれにせよ、決定は変わらなかった。テューリンゲンの文部局の反応は素早く、一九三九年一月二六日、領邦教会側は、「ユダヤ教に対する党と国家の立場」という名目で、「もっぱら教会のために必要なヘブライ語の学習は、国立の大学には許可しえない」と決定、ヘブライ語を教えていたヘルデーゲンの講師の職を解任した。(一九三九年の夏学期、彼はヘブライ語を教えるが、)一九四〇年四月に学部は、フォン・ラートに全学共通科目として講座を委嘱した。このように、ヘブライ語教育を突破口として、旧約聖書各書の講義を廃止し、旧約聖書学を古代エジプト・メソポタミヤ宗教史の枠組みの中に移す神学部改編は進行していった。しかし、先述したように、当時の学長アステルは神学部自体を廃止し、神学部で開講している科目を全学部の学生が聴講できる講義を開設しようとするが、フォン・ラート自身は、一九四四年徴兵されるまで、頑なに「詩編」「イザヤ書」などの講義名で講義やゼミを行っている。彼は学部内政治ではなく、ますます本来の教育と研究に勤しむことになる。

しかしながら、この年度あたりから、旧約聖書講座のみならず、神学部全体の学生数が減っている。フォン・ラートが着任した一九三四／三五年の冬学期には一五六名いた学生が、一九四一年以降は一桁台の学生数になっており、一九四四／四五年の冬学期はわずか一名のみであった。他の学部生の数も減ってはいるが、その割合は、神学部が異常に低い。フォン・ラートの学生も減り、ラートはやむなく他の大学の神学生にイェーナ大学に転学するように依頼している。現在もそうであるが、ドイツの大学では、他大学への転学は自由であった。学生たちは、自分の聞きたい講義を求めて、ワンダーフォーゲルのように、移動することができたのである。

「ゲッティンゲン大学で学んでいた私に、一九四三年の秋、ラートから、イェーナ大学に転学してほしいとの依頼を受けた。私を含め、男女各二名計四名がこれに応じた。神学部の最低学生数を守るためであった。狂信的なアステルが学部閉鎖を画策していたからである」というK・フォン・ラーベナウの証言も残されている。(6) さらに、フォン・ラートの講座には他大学の告白教会派の学生による自主的な応援もあって存続することができた。これには、フォン・ラートが各地の告白教会・集会で行った講演会の地道な努力なしにはありえなかったのではないだろうか。彼と夫人は、一九三八年、イェーナにある告白教会派の集会に属するようになり、そこで、中心的な役割を演じ、礼拝説教も行うようになる。ただし、「告白教会」はテューリンゲンでは非公認であったので、クリスチャン・サイエンス、ナチ福祉会の幼稚園などを借りて礼拝を行い、週日の聖書研究、朝の礼拝は、路地裏の家で行われた。(7)

ヘブライ語事件の渦中の中で、彼は、彼のその後の研究を決定づける『六書の様式史的問題』を刊行している。この書は、従来の資料分析的方法の行き詰まりに終止符を打ち、様式史という方法を用いて、創世記からヨシュア記に至る六書は、「小・歴史的信仰告白」（クレドー）（申命記二六章五―一〇節）が原点となって、それに、種々の伝承素材が付け加わった最終形であると結論した。また「堕罪物語の真実」は、一九三九年七月にシュッツガルトで開催された「黙想の日」に講演されたものであるが、将来刊行されるはずのＡＴＤ註解全集の内の「創世記」の原稿の当該部分を短縮したものである。終戦後の一九四九年に初版が出たが、その約十年前から準備されていたのは驚きである。

一九四四年八月末　兵役招集
一九四五年四月　アメリカ軍に投降、六月まで収容所生活

フォン・ラート教授没後に、夫人の手によって編集出版された『戦時捕虜時代の思い出』によると、彼は何度も徴兵検査を受けたが、心臓病ということで、兵役には付いていなかったが、一九四四年夏の終わりに、招集があり、あわただしい訓練の後、一九四五年一月末に、イェーナ・ツヴェツェン（Jena-Zwätzen）にある下士官学校に配属された。上官がイェーナ大学神学部を出たばかりで、しかも、ラートのもとで試験を受けたという幸運も重なって、兵舎事務局で務めることになった。週末には自宅に帰る許可も与えられた。しかし、四月半ばにアメリカ軍に投降し、バート・クロイツナッハ（Bad Kreuznach）収容所で六月末まで捕虜生活を余儀なくされた。しかしながら、彼は下士官学校でも、収容所においても、牧師、神学生、ディアコニーの小さなグループに創世記の講義をしていたよう

であり、彼らがその最初の受講生となったようである。その他、一九四七年に出版された『申命記研究』もイェーナ時代に準備されていたものである。このように見てくると、彼の研究への集中には畏敬の念を禁じえない。

敗戦後、彼はイェーナには戻らず、ゲッティンゲン大学に移り、そして、一九四七年以降ハイデルベルク大学において、『旧約聖書神学I――イスラエルの歴史伝承の神学』（一九五七）、『旧約聖書神学II――イスラエルの預言者的伝承の神学』（一九六〇）、『イスラエルの知恵』（一九七〇）の三部作、ならびに『創世記註解』（一九五三）と『申命記註解』（一九六四）とをDas Alte Testament Deutschシリーズの一環として公刊した。しかし、これらの著作の基礎の多くはイェーナ大学在任中の研究に負っていることを忘れてはならない。

一九三七年　「生と死についての旧約聖書の信仰証言*」
「旧約聖書――ドイツの人々に対する神の言葉*」
一九三八年　『六書の様式史的問題』「旧約聖書における聖書解釈の諸問題*」
一九三九年　「なぜ教会は旧約聖書を教えるのか*」
「堕罪物語の真実」
一九四〇年　『モーセ』「王の詩編に関する考察」
一九四二年　「旧約聖書の人間像」
一九四三年　「六書における約束の地とヤハウェの地」

一九四四年「古代イスラエルにおける歴史記述の開始」
一九四七年『申命記研究』

「レビ人」としてのフォン・ラート

二〇〇四年、B・M・レヴィンソンとD・D・ダンスは「律法から福音へのメタモルフォーゼ——教会のための旧約聖書を主張しようとしたフォン・ラートの試み」という論文の中で戦後出版された『申命記研究』は、反セム主義に対する闘いの渦中にあったイェーナ時代において、モーセの説教として書き留められた申命記というフォン・ラートの静的理解が、「レビ人が伝える説教」という動的な理解に変わった結実であり、それはまさに「変態」(メタモルフォーゼ)であると論じている(8)。この指摘は正鵠を射ている。

たしかにイェーナ大学に招聘された一九三四年に公刊された「歴代誌的著作におけるレビ的説教」においては、以前の論文にも増して、レビ人の活動が強調されている。彼によれば、ネヘミヤ記八章七節以下には、エズラによる荘厳な律法朗読のあと——すべてのテキストが明白に理解されなかったので——レビ人が民の間に入っていって、律法について解説したと述べられており、また、歴代誌下三五章三節以下では、レビ人たちは、もはや、「神の箱」を担う必要はなく、イスラエルの教師、つまり、民を宗教的に教育する役割を果たせと書かれているという。さらに、「レビ人は、説教を通して、イスラエルの伝承を担う重要な存在であった」とさえ述べている(『旧約聖書神学I』邦訳一〇六頁以下)。

しかし、筆者は、ただ単に、申命記のメタモルフォーゼという研究者的な洞察に止まらない問題、つまり、イェーナ時代のフォン・ラートの信仰告白的状況が顕わにされているのではないかと想像するのである。彼が博士論文を書き終えたのち、さらに大学での勉学を続けるべきかどうか思案しているときに、カール・バルトのもとで学んだ若き友人カール・ノルト (Karl Nold, のちに、フランケンの告白教会の牧師となって活躍した) から、「キリストは教会におられる」と言われ、研究者になるよりは、牧師として現場で働くことの重要性を説かれたことがある。(9) しかし、ラートは、研究者への道を選んだ。彼の道は誤りだったのだろうか。たしかに、彼の選んだ研究者の道は平坦ではなかったが、彼はその中にあっても、牧者としての立ち位置を捨てることはなかった。たしかに、正牧師の任職は受けていないが、しかし、彼はむしろ「レビ人」にことよせて、教会における旧約聖書の必要性を人々に語り伝えたのではないだろうか。

註

(1) H. W. Wolff, Gespräch mit Gerhard von Rad, 648-658. なお、この点に関しては、『並木浩一著作集』第二巻「旧約への招き」一三五―一五六頁に詳しく紹介されている(日本キリスト教団出版局、二〇一三年)。

(2) Tobias Schüfer, Die Theologische Fakultät Jena und die Landeskirche, im Nationalsozialismus, S.97.

(3) G・キッテル (Gerhard Kittel) のナチ協力については、R・P・エリクセン『第三帝国と宗教

――ヒトラーを支持した神学者たち』古賀敬太ほか訳、風行社、二〇〇〇年（Robert P. Ericksen, Theologians under Hitler –Gerhard Kittel, Paul Althaus and Emanuel Hirsch, Yale University Press, 1985）が詳しい。

（4）R・P・エリクセン『第三帝国と宗教』二二五頁以下。

（5）Palästinajahrbuch 1939は、アルト特集号であるが、その中の「ガリラヤ問題」について、言及し、「アッシリアの侵攻によって、ガリラヤ地方住民のすべてが移住させられたわけではなく（列王記下一七章二五節以下、その他）、彼らは、エルサレム神殿との祭儀的な関係を保っていた（ただし、サマリア宗団は後に独立するが）、下層の先住民は、ガリラヤに留まった可能性がある、また、ハスモン家による非ギリシア化、つまり、ユダヤ化政策は、ガリラヤ湖沿岸に住む少数ではあるが、力を持っていた異邦人に対するものであって、山地の先住の住民に対して行われたとは考えられないという、アルトの研究がもたらす結果は、イエスの非ユダヤ的な由来を擁護者たちが考えるほど簡単なものではない。学問においては、決して強引な意見を主張すべきではないのであって、自己を殺して歴史的真実に仕えるべきである」と述べている（Zur Arbeit am Alten Testament, Theologische Blätter, 19. Jahrgang, 1940, kl.266f.）。

（6）彼が、後にフォン・ラート家に下宿した時、先客として日本人の関根正雄が滞在していた。彼は「関心と勤勉さにおいて模範になる人であった」と述べている（Konrad von Rabenau, Als Student bei Gerhard von Rad in Jena 1943-1945, S.7）。

（7）同上S.11.

（8）Bernard M. Levinson and Douglas Dance, The Metamorphosis of Law into Gospel: Gerhard von Rad's Attempt to Reclaim the Old Testament for Church, 83-110; Bernard M. Levinson, Reading the Bible in Nazi Germany:

Gerhard von Rad's Attempt to Reclaim the Old Testament for the Church" in Interpretation: A Journal of Bible and Theology, July 2008, 238-53.

（9） Hans Walter Wollf, Gespräch mit Gerhard von Rad, S.649.

参考文献

この解説を書くに当たって参考にした（フォン・ラートとイェーナ大学に関する）主な著作、論文を下記に掲げておく。

Heschel, Susannah, The Aryan Jesus -Christian Theologians and the Bible in Nazi Germany, Princeton University Press, 2008.

Wolff, Hans Walter, „Gespräch mit Gerhard von Rad“ in Probleme biblischer Theologie. Gerhard von Rad zum 70. Geburtstag, Chr.Kaiser, 1971, SS.648-658.

Böhm, Susanne, „Gerhard von Rad in Jena“ in U. Becker und J. van Oorschot（Hg.）, Das Alte Testament –ein Geschichts Buch ?!, Leipzig, Evangelisch Verlagsanstalt, 2005, SS.203-240.

Schüfer, Tobias, „Die Theologische Fakultät Jena und die Landeskirche im Nationalsozialismus“ in T. A. Seidel（Hg.）, Thüringer Gratwanderungen, Liepzig, EvangelischeVerlangsanstatt, 1998, SS.97-110.

Smend, Rudolf, „Gerhard von Rad“ in M. Oeming und andere（Hg.）, Das Alte Testament und die Kultur der Moderne, Münster, Lit Verlag, 2004, SS.13-24.

———, „Gerhard von Rad 1901-1971“ in Deutsche Alttestamentler in drei Jahrhunderten, Vandenhoeck & Ruprecht, 1989, SS.226-254.

Levinson, Bernard M. and Dance, Douglas, "The Metamorphosis of Law into Gospel: Gerhard von Rad's Attempt to Reclaim the Old Testament for Church," in B. M. Levinson and Eckart Otto (ed.), Recht und Ethik im Alten Testament, Münster, LIT Verlag, 2004, SS.83-110.

von Rabenau, Konrad, „Als Student bei Gerhard von Rad in Jena 1943-1945", in M. Oeming und andere (Hg.), Das Alte Testament und die Kultur der Moderne, Münster, Lit Verlag, 2004, SS.7-12.

Buchheim,Hans, Glaubenskrise im Dritten Reich-Drei Kapitel Nationalsozialistischer Religionspolitik, Stuttgart, Deutsche Verlags- Anstalt, 1953.

Meier, Kult, Die Theologischen Fakultäten im Dritten Reich, de Gruyter, 1996.

Siegele-Wenschkewitz, Leonore und andere (Hg.), Theologische Fakultäten im Nationalsozialismus, Göttingen, 1993.

Bergen, Doris L., Die, „Deutsche Christen" 1933-1945: ganz normale Gläubige und eifrige Komplizen? In „Geschichte und Ges Gellschaft" 29 (2003), Vandenhoeck & Ruprecht, SS.542-574.

Hoßfeld, Uwe und andere (Hg.), „Kämpferische Wissenschaft" Studien zur Universität Jena im Nationalsozialismus, Köln Weimar Wien, Böhlau Verlag, 2003.

Stegmann, Erich, Der Kirchenkampf in der Thüringer Evangelischen Kirche 1933- 1945.

R・P・エリクセン『第三帝国と宗教――ヒトラーを支持した神学者たち』古賀敬太ほか訳、風行社、二〇〇〇年（Robert. P. Ericksen, Theologians under Hitler –Gerhard Kittel, Paul Althaus and Emanuel Hirsch, Yale University Press, 1985)。

H・E・テート『ヒトラー政権の共犯者、犠牲者、反対者』宮田光雄ほか訳、創文社、二〇〇四年（Heinz Eduard Töt, Komplizen, Opfer und Gegner des Hitlerregimes, Chr. Kaiser/Gütersloher Verlagshaus, 1997)。

雨宮栄一『ドイツ教会闘争の史的背景』日本キリスト教団出版局、二〇一三年。
宮田光雄『十字架とハーケンクロイツ』新教出版社、二〇〇〇年。

これらの参考文献の中でも、本書を編訳しようという刺激を筆者に与えてくれたのは、S・ヘシェル『アーリア人イエス』(Susannah Heschel, The Aryan Jesus: Christian Theologians and the Bible in Nazi Germany)である。この書自体は、フォン・ラートに直接焦点を当ててはいない。むしろ、フォン・ラートが属していた、イェーナ大学が、「ドイツ・キリスト者」の中でも最も過激なテューリンゲンの「教会運動ドイツ・キリスト者」(Kirchenbewegung Deutsche Christen)が主張する反ユダヤ主義とドイツ民族主義の強力な砦になっていく様子を叙述している。とりわけ、W・グルントマンにまつわる記述がほとんどである。筆者にとってはかえって、フォン・ラートの思想的展開の背景を明らかにしてくれる著作であった。彼女は、グルントマンの戦後のいわゆる東ドイツにおける転向についても言及しており、その落差に驚かされると同時に、日本における戦後の無自覚的転向について考えさせられた。

ドイツ・キリスト者に関する著作は、枚挙に暇はないが、とりあえず、代表的な著作と、特にテューリンゲン領邦教会に関するものを挙げておく。ステークマンはその当時のイェーナ大学で学んでいたので、貴重な証言を含む本である。

旧東ドイツに属していたイェーナ大学ならびにテューリンゲン教会の資料館に眠っていた諸資料が明らかになったのは、とりわけ一九九〇年以降である。しかしながら、ナチ統制下の教会についての研究が、旧東ドイツで進められていたという事実は、興味深い。

補論2　『神の使信』（『ドイツ・キリスト者（ナチ）版新約聖書』）について

荒井章三

一九四〇年、一冊の新しい新約聖書が発刊された。タイトルは『神の使信』（Die Botschaft Gottes, 三〇四頁）であるが、『ドイツ・キリスト者（ナチ）版新約聖書』と言ってよい。しかし、形態は通常の『新約聖書』ではなく、「新約抄訳」に近い。まず第一部『救世主　イエス』（一〇八頁）のみが、先行発売され、二〇万部以上が完売したようである。ルターの新約聖書が「飛ぶように売れた」ように、この抄訳も飛ぶように国民に広まったことを誇っている。発行者は、その前年一九三九年に設立された「ドイツの教会生活に与えるユダヤ教の影響を究明する研究所」（Institut zur Erforschung des jüdischen Einflusses auf das deutsche kirchliche Leben）である。名称から明らかなように、この研究所は、反セム主義、とりわけ反ユダヤを標榜するナチ政府によって支援されていた「ドイツ・キリスト者」（Deutsche Christen）、しかも、その急進的なテューリンゲン・ドイツ・キリスト者によって設立された研究所であった。頒布の主たるターゲットは、もちろん、「ドイツ・キリスト者」に属する教会員であったが、同時に、教会で堅信礼を受ける青少年たちや、軍隊の隊員たちであった。団体購入には格安の価格で販売された（第一部『救世主イエス』は三〇ペニヒ、第一部から第四部まで揃った完本の定価は一・二〇ライヒ・マルクで通常の神学書の三分の一以下の価格であった）。廉価で団体購入を促すことによって、発行者の意図するところを、将来、ドイツのナチズムを担うであろう若者たちに分かりやすく浸透させることが可能になったと言えよう。

では、発行者の意図とは何か。「序言」では、宗教的精神に満たされたドイツ民族にとって、一五二二年に翻訳された「ルター訳新約聖書」は、大きな力を果たしてきたが、現今のドイツ人には、あまりにも難解となり読まなくなっている。「われわれは、新約聖書という土の器の中に、永遠の宝が秘められていると確信するがゆえに、本書を世に問うのである。本書は、新約聖書が示す神の真理、つまり、神の使信を、新しい言葉を用い、構成を新たにして、問いを持つドイツ人に提供するものである。ここでは、したがって、新約聖書の神の真実を示すことが重要なのである。前の世代の人々の心を捕らえたように、われわれの心を捕らえうる箇所が選ばれ、翻訳された。この神の真実は、もはやわれわれのものではない世界観とか生活感情から解き放たれている。なぜなら、神はわれわれを昔とは異なる歴史の中へと位置づけ、この新しい歴史を通して、われわれをつくりあげられたからである。神の使信としての新約聖書が示す神の真実が、その時代の世界観もしくは生活感情の中に住んでいた過去の世代の人々を、信仰と愛に目覚めさせ、変化させたように、われわれの心にも自由と喜びをもたらす力を与えるであろう」。

要は、現代人でも理解できる「新しい言葉」、つまり、新しい社会に合った現代語で、しかも、ここがより大切なのだが、「構成を新たにして……」、われわれの心を捕らえうる箇所を選び、翻訳する」ことである。それは、現行の聖書は、われわれの世界観とは異なるユダヤの世界観や生活感情に繫がれており、そこからは、もはや神の真実は読み取れない。そこで、昔の古代イスラエルとは異なる、現代ドイツという文脈の中で神の真実を読み取るべきであると主張している。「構成を新たにする」とは、「新約聖書の成立と内容については、最新の研究が用いられている」と言いつつ、現実には、本来のテキストからは程遠い、換骨奪胎に近い、きわめて「ドイツ・キリスト者」の主張に沿った聖書になっている。数は少ないが、聖書以外の言葉、たとえば、オリゲネス、アレキサンドリアのクレメンス、マカリオス、ヒエロニムスなど古代教父からの引用もあって、この主張を強化している。つまり、これが「ドイツ・キリスト者」運動の最終的帰結である「ナチ版新約聖書」の実態である。

以下、多くの問題点を抱える本文からいくつかを選んで述べたい。

イエスの伝記と思想

実は、この『神の使信』が発刊された前年の一九三九年、シュトゥットガルトの聖書協会から、四つの福音書を調和的に編纂した福音書が、『イエス物語』(Die Jesusgeschichte)として発刊された。ここでは、マタイによる福音書を基本にし、この福音書に欠ける物語は、他の福音書で拡充し、ある単元において、マタイによる福音書にまさる内容もしくは特性を示すものは、それを採用するという方法を取っている。この『イエス物語』の編者は、決して学問性を求めてはいないが、あくまでも、四福音書の重複を避けて、イエスの物語を一般の信者に分かりやすく提供しようとしている。しかも、学問的、もしくは、思想的偏向性はほとんどないといえる。従来、特に家庭ではこのような「聖書抄

（左）『神の使信』（Die Botschaft Gottes）と（右）『イエス物語』（Die Jesusgeschichte）の扉頁

訳」が重宝され、利用されてきた。

さて『神の使信』は、四部からなる。第一部は『救世主イエス』と名付けられた、マタイによる福音書・マルコによる福音書・ルカによる福音書の三福音書を基にしたイエスの伝記であり、第二部『神の子イエス』はヨハネによる福音書のみを基本に、それ自体で完結したキリスト観を含んでいる。第三部『主なるイエス』は、「新しい生命」「神の共同体」などテーマごとに集められた使徒の言葉のアンソロジーと言ってもよい。最終の第四部は、使徒言行録を基本にした『キリスト教会の生成』である。

まず初めに浮かぶ疑問は、いわゆる「共観福音書」と呼ばれる三福音書から編集されている第一部と、ヨハネによる福音書を主体とする第二部『神の子イエス』とが分離されている点である。編者たちの主張によれば、ヨハネによる福音書では、個々の伝承はすべて、ギリシア＝アーリア的精神から、イエスの行為と死の意味を示そうという視点によって秩序づけられている。ヨハネによる福音書は完結しており、そこからは一つも取り去ることはできないし、なおかつ、外からも加えることもできないのであるという。第一部では、イエスの宣教と業の歴史的特性が明らかにされるが、彼が遣わされた意義は第二部の『神の子イエス』においてである。このような分離は、著者たちの「学術的」(wissenschaftlich)翻訳という名目の背後に透けて見える思想的な恣意性によると言ってよいだろう。では、その恣意性の中身は何か。

まず、最初の頁を開いて驚くことは、マタイによる福音書の冒頭にある「アブラハムの子ダビデの子、イエス・キリストの系図」がない。初めて新約聖書に接した人の多くは、冒頭のこの系図の見知らぬ名前の羅列に出会って挫折するという話はよく耳にするが、そのような無味乾燥さのゆえに省略されたのではない。もちろん、ルカによる福音書三章二三節以下の「イエスからアダムに遡っていく系図」もない。イエスがユダヤに関わる記事は否定され、削除されるのが、この書における原則であるからである。

したがって、イエスの誕生物語から始められるのだが、ルカによる福音書二章以下が用いられる(ちなみに一章には、イエスの先駆者である洗礼者ヨハネの誕生預言と誕生が述べられているが、省略される)。

「皇帝アウグストゥスから全領土の住民に、登録をせよとの勅令が出た。これは、キリニウスがシリア州の総督であったときに行われた最初の住民登録である。人々は皆、登録するためにおのおの自分の町へ旅立った。ヨセフもガリラヤの町ナザレから、身ごもった愛する妻マリアと共にベツレヘムへ上って行った」。

新共同訳と比べてみよう。

「皇帝アウグストゥスから全領土の住民に、登録をせよとの勅令が出た。これは、キリニウスがシリア州の総督であったときに行われた最初の住民登録である。人々は皆、登録するためにおのおの自分の町へ旅立った。ヨセフもダビデの家に属し、その血筋であったので、ガリラヤの町ナザレから、ユダヤのベツレヘムというダビデの町へ上って行った。身ごもっていたマリアも一緒に登録するためである」。

ここで、ルカの物語が用いられるのは、イエス誕生の史的事実を確定するためにであって、イエスの実在性を確信させるためであるが、それ以上に重要なことは、新共同訳の傍点を付けた部分に注目していただきたい。ヨハネがダビデの血筋であったということも、彼らが赴く「ベツレヘム」も、ナザレの近くの別の「ベツレヘム」（士師記一二章八―一〇節参照）であって、ユダヤにあるダビデの町のベツレヘムではないことを暗に示そうとしてテキストから省略されている点である。

羊飼いたちが天使から受けた御告の中でも、「今日（ダビデの町で）救い主がお生まれになった」と「ダビデの町」が省略されている。羊飼いが幼子に会って、家に帰ったのち、「（八日たって割礼の日を迎えたとき）幼子はイエスと名付けられた（これは、胎内に宿る前に天使から示された名である）」。「割礼」は、ユダヤ人のアイデンティティを示す宗教的儀礼であり、当然、省かれる。

「処女降誕」という神話的要素も省かれる。この主題はマタイに色濃く残っているから、マタイの誕生物語からは、「東方からやってきた三賢人がイエスを拝み、黄金・乳香・没薬を捧げた」と付加的に述べているのみであって、ヘロデ王との関わり、ヨセフ親子がヘロデの迫害を恐れ、エジプトに避難し、ヘロデの死後、エジプトから帰還したというマタイに述べられている話は完全に無視されている。この物語は、実は、かつてエジプトで奴隷であったイスラエルの先祖たちが、モーセに連れられて脱出したという「出エジプト」の出来事を、イエスの出来事の預言として用いているのであり、イエスの出来事を旧約聖書に述べられている預言の成就とみなす傾向は、総じてマタイに多い。『神の使信』の著者は、旧約聖書との関連をすべて否定し、ユダヤ的主張が従来の新約聖書にあるから、それを除去しなければならないのである。

では、そのようにしてまで、なぜ、わざわざ「イエスの誕生」の場面を取り上げたのか。共観福音書の基本の福音書であるマルコによる福音書には、もともと、イエス誕生の記述はない。成人イエスがいきなり登場する。それ以前の物語は、マタイもしくはルカにのみ存在する特殊資料であるというのが、当時の共観福音書研究の通説になっていた。では、編集者が主張している学術性の優先という姿勢に反してまで誕生物語を採用した理由は何であろうか。それは、民間の風習のみならずドイツに古くから根付いてきた芸術文化の一部であったからだという。これほど、非学術的な理由づけはあるだろうか。たしかに、「生誕劇」は、「受難劇」「復活劇」と並んで、「聖史劇」の一つとして、古くから演じられてきた。特に、「生誕劇」は寒い冬で過ごすヨーロッパの行事として、とりわけ家庭的な行事でもあった。芸術的にも、例えば、現在アルザスのコルマールの元修道院に陳列されているグリューネヴァルトの祭壇画に描かれたイエスの生誕、十字架、復活の場面は、古くからドイツの人々の心の中に深く染み込んでいたことは理解できる。しかし、ルカによる福音書一章で語られる、「マリアの賛歌」は、バッハ以前から「マニフィカート」として、歌い継がれていたではないか。このような取捨選択の恣意性は許しがたいとしか言いようがない。

『神の使信』の意図

この『神の使信』と同時に、この著作の解説書とも言うべき、E・フロム（Erich Fromm, 一八九二—一九四五）（ちなみにあの『自由からの逃走』を書いたフロム（一九〇〇—一九八〇）とは別人である）が執筆した“Das Volkstestament der Deutschen”が同じ研究所から出版されている。この書名をどう翻訳するか難しい。ドイツ語のVolkは、「民族」「民衆」「国民」などと多様に訳されるが、ナチ時代の精神的状況からすれば、『ドイツ民族のための聖書』という書名が相応しい。本当は、『神の使信』の編者は、「民族聖書」（Das Volkstestament）という書名にしたかったのではないかと、私は想像している。いずれにせよ、この解説書によれば、彼らが、『神の使信』を企画した理由は明白である。ドイツ人のために、ユダヤの影響を免れた、学術に支えられた聖書を提供することであるが、上に取り上げたわずかの例からも、反ユダヤ的なものであることが明らかである。そして、「学術に支えられた」という面でも、きわめて恣意的な傾向が強いが、その支えになったのは、この翻訳・編集主幹である

W・グルントマン（Walter Grundmann）の研究である。一九四〇年出版の『ガリラヤ人イエスとユダヤ教』（Jesus der Galiläer und das Judentum）において、イエスはユダヤ人ではなく、ユダヤ人と起源を同じくしないガリラヤ人であり、ユダヤ教と闘う人間イエスを描いている。彼の主張によれば、紀元前二世紀の終わりごろには、ガリラヤ人たちは、ユダヤの宗教共同体に組み込まれてしまっていた。イエスがユダヤ教の本質をすべて理解し、ファリサイ派の学者たちを論破することができたのは、彼がそのようなユダヤの宗教的共同体の中で育ったからである。しかし、イエスの神理解は、ユダヤ人のそれとはまったく異なっていた。人を愛するイエスの父なる神は、ねたみの神、報復をもたらす神とは異なる。イエスの律法に対する態度は、律法の権威を認めない、非ユダヤ教的なものであったと説く。これらの主張の根拠は、「イエスはユダヤ人でない」つまり、「アーリア人である」ということに尽きるが、この根拠の上に、すべての主張が組み立てられている（彼は一九三三年二月「信仰運動ドイツ・キリスト者」に入り、ドイツ・キリスト者の二八テーゼの編纂の折には、イエスは、人種のような人間的カテゴリーを超越しており、イエスにユダヤ人とかアーリア人とかのラベルを張り付けることはできないと主張していたのであったが）。

つまり、聖書から、イエスの真実を読み取るのではなく、現代に望まれているイエスの姿を、聖書の中に読み込んでいるとしか考えられない。その結果、イエスはユダヤ教内の改革者ではなくて、ユダヤ的本質の根本を攻撃する「戦士」とみなす方向性が至るところで見られるのである。イエスの「十字架上の死」は、ファリサイ派の学者と「戦った」「勇者」としての生涯の結末である。「試練を受けない者は、神によって信頼されない。試練に打ち勝つ者は幸いである。その人は適格者と認められ、命の冠を受けるであろう」（ディダスカリア一一、ヤコブの手紙一章一二節）という十字架に向かうイエスの口に挿入された（聖書本文には無い）言葉は、そのことを如実に示している。しかも、この箇所の小見出しは「死に至るまで忠節であれ」である。

そして、キリスト教にとって最も重要な、復活の物語には「勝利」という大見出しがつけられる。しかし、復活のイエスが弟子たちに出会う場所はガリラヤでなくてはならない。それゆえ、テキストはヨハネによる福音書から選ばれている。ちなみに、他の復活の物語は、第四部「キリスト教団の生成」の冒頭にまとめて述べられている。その一つに、エマオでのイエスと弟子の出会いがあるが（ルカによる福音書二四章一三―三五節、ただし二七節では入念にも「モーセ」が省かれている）、復活の出来事を旧約聖書から解釈して、イエスが弟子たちに説き聞かせる場面は削除されている点は注目すべきである。

「イエスがユダヤ人ではない」という前提に立ったとき、この前提にとって不都合な箇所は遠慮なく省略される。一例を挙げよう。マルコによる福音書七章二四―三〇節（＝マタイによる福音書一五章二一―二八節）に語られている「シリア・フェニキアの女の信仰」では、悪霊に取りつかれた幼い娘を持つギリシア人の女性に、悪霊からの解放を依頼されたイエスが、「まず、子供たちに十分食べさせなければならない」と語る箇所である。つまり、イエスの癒やしは、ユダヤ人の救済が優先されるということを意味する単元であるので省略されている。その後に続く、「耳の聞こえず、舌のまわらない人を癒やした」出来事（マルコによる福音書七章三一節）は残されている。シリアからガリラヤ湖で行われたことだからである。このように、似たような奇跡物語でも、自己に不都合な箇所は、訳者の裁量に任されるのである。

刑場に至るイエスの場面の最後に、わざわざ追加した「死に至るまで忠節であれ」(Sei getreu bis in den Tod) という小見出しの文章や、そこに、福音書以外から引用されている文章、特にヤコブの手紙から採られた言葉「試練に打ち勝つ者は幸いである」については前述したが、この言葉は、古ザクセン語で九世紀ごろ書かれた宗教叙事詩『ヘーリアント』(Heliand = Heiland, 救世主) を想起させる。また、古代ゲルマンの英雄伝説をもとに十三世紀初頭に作られたと言われる『ニーベルンゲンの歌』(Das Nibelungenlied) のモチーフの「勇猛」「忠節」は、敵将のハゲネのそれすらも同等に称賛されており、ドイツ人にとっては、大切な気風であったのであろう。リヒアルト・ワグナーによる楽劇『ニーベルンゲン』がドイツ民族精神の高揚のためナチ時代に好んで演奏されたことは記憶に新しい。

一九三五年ニュルンベルク法が成立し、ドイツ国内におけるユダヤ人の市民権否定と公職からの追放が決定した。

一九四〇年に発行されたこの『神の使信』には「かつてドイツに輝いていたドイツ民族精神」がユダヤから取り戻された高揚感が充満している。

ちなみに、ヨハネによる福音書の冒頭の言葉は、従来の「初めに言があった。言は神と共にあった」とは異なって、Am Anfang war der Geist. Und der Geist war bei Gott と訳し、“Wort”ではなく“Geist”(精神) と訳している。ギリシア語の logos は、理性的なものであり、「智慧」を含意する単語である。ちなみに、ドイツの「公正訳」(Bibel in gerechter Sprache, 2006) では、Am Anfang war die Weisheit und die Weisheit bei Gott und die Weisheit war wie Gott と訳している。“Geist”は、心性的なものを表す単語であって、logos の意義とは程遠い。よほど、「精神」によって、意志的行為を強調したかったのであろうか。「ドイツ精神」「ドイツ魂」が見え隠れする。

最後に蛇足ながら、ヨハネによる福音書一章二九節の洗礼者ヨハネの言葉を取り上げる。「見よ、世の罪をになう、神の小羊」(Siehe, das ist Gottes Lamm, das der Welt Sünde trägt) を Siehe, der Erkorene Gottes, der die Schuld der Welt tilgt!（見よ、世の罪を取り除く、神の選ばれし者）と訳している。通常は、世の罪を贖うキリストを表す amnos「小羊」がなぜ、Erkorene というドイツ語に翻訳されたのか、不明であるが、もしかして、ヒトラーのことを強引に暗示するためだったのではないかと勘繰るのは私だけだろうか。

この書の欺瞞的姿勢について語るのは、これで十分であろう。

研究所は、『神の使信』の他に、二八四編の賛美歌を含む賛美歌集『大いなる神を我らはたたえる』(Grosser Gott wir loben Dich!) を同年一九四〇年に、翌一九四一年六月には、カテキスム（信仰問答集）『神と共なるドイツの民』(Deutsche mit Gott: Ein Deutsches Glaubensbuch) が出版され、三部作が完成した。

残念ながら筆者は、これらの実物を手にしていない。マールブルク図書館所蔵の『神の使信』と、その解説書『ドイツ民族のための聖書』のみは幸いにもインターネット上で公開されている。

参考文献

Heschel, Susannah, The Aryan Jesus, Princeton University Press, 2008.

――――, „Deutsche Theologen für Hitler-Walter Grundmann und das Eisenacher Institut zur Erforschung und Beseitigung des jüdischen Einflusses auf das deutsche kirchliche Leben“ in Jahrbuch 1998/99 zur Geschichte und Wirkung des Holocaust, Frankfurt/New York, Campus Verlag, 1999.

Grundmann, Walter, Die Entjudung des religiösen Lebens als Aufgage deutscher Theologie und Kirche, Verlag Deutsche Christen Weimar, 1939.

――――, Jesus der Galiläer und das Judentum, Leipzig, Verlag Georg Wigand, 1941.

Fischer, Karl, Das Volkstestament der Deutschen Christen, Schriftenreihe, „Um Evangelium und Kirche“ Heft 18, Dresden, 1940, (Hg.), Die Bekennenden Evangelisch-luth. Kirche Sachsens. この冊子は、最初に分冊として発行された『神の使信』第一部に対する批判書であるが、『神の使信』の解説書の第二版の五一―六一頁にフィッシャー氏宛の手紙の形式で、これに対する反論が載せられている。フィッシャー牧師はもちろん告白教会派である。

Jerke, Birgit, „Wie wurde das Neue Testament zu einem sogenannten Volks-Testament »entjudet«? Aus der Arbeit des Eisenacher »Institut zur Erforschung und Beseitigung des jüdischen Einflusses auf das deutsche kirchliche Leben«“ in L. Siegele-Wenschkewitz (Hg.), Christlicher Antijudaismus und Antisemitismus, (Arnoldshainer Texte 85), Haag + Herchen Verlag, 1994, 201-234.

Die Jesusgeschichte (Zusammengefasster Evangelienbericht), Privilegierte Württembergische Bibelanstalt Stuttgart, 1939.

［追記］本書の初校を出したのちに『神の使信』の初版を入手することができた。内容も頁数も第二版と変わらない。ただ実物に接して、「文庫本」とほぼ同一の大きさであることが判明した。

付録　アルト／ベークリヒ／フォン・ラート『旧約聖書を通してのキリスト教入門』（一九三四年）

この講演録は、ライプチヒの管区とライプチヒ福音主義指導者学校〔訳者註　ドイツ・キリスト者関係学校〕の要請により、今年二月八日、一二日、一五日に、幅広い人々のために、「キリスト教入門」という主題のもと、私たちが属するライプチヒ大学の大講堂で（昨年秋行われた「ゲルマンの道を通してのキリスト教入門」という一連の講義に対抗して）行われたものである。私たちは講演の内容を「旧約聖書を通して」のキリスト教入門を考えていたので、この出版物のタイトルにも「旧約聖書を通して」をそのまま用いた。

当初、私たちは、この講演の出版を考えていなかったが、聴衆からの依頼もあって、しばし躊躇の末、出版することにした。この講演の意図は当初から、旧約聖書の入門的知識を求めている人々を対象になされたものであり、この目的のためであったなら、口頭による講演だけでおそらく十分であったであろう。しかし、その時の聴衆やそのほかの人々が、私たちが語ったものを手にすることが可能ならば、それも便利なのではないだろうか。新しい研究の結果とか、旧約聖書学のまとめを発行しようとはまったく考えておらず、逆にまた、補うべきところがたくさんあることは、十分承知している。講演は、最初の構想通りに、最初に計画されていた完全な形がおさめられている。ただ、第一講演は、他ならぬ理由で、短縮されたのだが、「序言」のより詳細な論述については、"Allgemeine Evangelische Lutherische Kirchenzeitung"(『福音・ルター教会一般新聞』) 1934, Nr.12, Sp.270ff. を参照していただきたい。

アルト/ベークリヒ/フォン・ラート

一九三四年三月　ライプチヒにて

目次

[訳者註　なお、本書の意図はフォン・ラートの思想を中心に探究するものであるため、この講演会の主旨を述べているA・アルトの「講演を始める前に一言」と「イスラエルの根底にあるもの」は訳した

が、J・ベークリヒによる第二講演「預言者たち」については、残念ながら割愛した。」

講演を始める前に一言

アルブレヒト・アルト

「旧約聖書」を通して、キリスト教に至る道があるのか、または、通らなくてはならないのか、この問いに答えるのが、本講演会の主旨です。キリスト教会にとって、旧約聖書は昔から聖なる書であり、新約聖書がまだ存在していないとき、さらに成立したのちにも、旧約聖書は聖書として扱われてきたのであり、事実、旧約聖書を通してキリスト教に至る道はあるという確信を持っているのであるから、このような問いは不必要だと考える向きもあるに違いありません。しかし、昨今、他の国ではない、このドイツにおいて、このような考えに明白に反対する声が上がっています。われわれには新約聖書があり、そこには、キリスト教に直接到達する道が存在するのであるから、その他の道はまったく必要ないという主張です。われわれのキリスト教がわが民族的特性に基準を合わせるべきだとすれば、旧約聖書は基本的に別の特性を持つ民族に由来するのであるから、旧約聖書から新約聖書へ、新約聖書から旧約聖書への道はありえないのであり、あってはならないと主張する。このような主張がいろいろなヴァリエーションで唱えられています。意識的に教会外に立っている人の中には、教会は旧約聖書にそれに相応しくない地位を与えていると理由づける人がいるだけではありません。教会内でも、旧約聖書から聖なる書としての権威を奪うべきではないかと考える人も多くいます。

しかし、このような錯綜した意見を分析するのは、この講演会の目的ではありません。旧約聖書に関して、私たちにとって、何が本質的なことなのか、旧約聖書をキリスト教への導きとして認めるべきか否かについて、もう一度、落ち着いて考える機会を与えるのがこの会の目的です。そのためには、旧約聖書に関する知識について、よりよい理解を獲得し広めること、現在の論争を専門的な立場から考察するのが、最も重要な手段の一つと考えます。今日、旧約聖書に対する教会の関わり方について書かれている著作の多くは、不十分な事実理解の上に立っています。現在出回っている旧約聖書に反対する書物の中から一例を挙げて、事実に対して客観的な知識が欠けている点を、現在の学問的な基準に従いつつ、旧約聖書の本質の輪郭を積極的に示して、私たちに与えられた課題に応えたいと思います。

現在、反旧約聖書論争の中で最も流布し、指導的な地位を占めているのが、テオドール・フリッチュの『偽りの神――ヤハウェに対する反証』(Theodor Fritsch, Der falsche Gott: Beweiß = Material gegen Jahwe) です。この本は一九一一年に初版が出ましたが、増版に増版を重ね、私が手にしているのは一九三六年発行の第一〇版であり、すでに三万八千部が世に出回っています［ちなみに、訳者の手元には、一九二一年発行の第八版のファクシミリ版がある］。この著作は、真剣で、エネルギッシュで、ファンタスティックな意志をもって書かれているという印象を与えます。この意志が著者の思考を動かしていますが、しかし、真剣で、エネルギッシュで、ファンタスティックな知、つまり、客観的に証明しうる、現実を直視する知に欠ける場合が多い。一言で言えば、この著作には学問的態度が欠けています。著者が願望するイメージのみがあって、現実のイメージが出てきません。著者の出発点が意志にあるということ、これは彼の著作を理解するためには役に立ちます。フリッチュは、現在のユダヤ教が現在のドイツに与える影響に反対する闘争から出てきた人であり、それゆえ、彼の著作の大半は、この彼の現在の関心にそのまま割かれています。著者は、現代のユダヤ教に対する彼の闘争を、いわば史的に基礎づけるため、ユダヤ教の過去を旧約聖書まで遡るのですが、基本的には、旧約聖書を後代のユダヤ教から考察し、後代のユダヤ教を旧約聖書の中に読み込み、自分の読者層を自分と同じ視点に至らせようとするのです。ある民族の特性は、人種のそれと同じように、つねに同一であり、昔から変化することなく固定している。つまり、民族の宗教は彼らが属する人種の所産であり、その特性を特別に表明しているという理解が彼の公理なのです。本来、現代のユダヤ教に向けられていた闘争が、旧約聖書の偽りの神「ヤハウェ」に対する闘いへと進展していくのです。私たちはこの点について学問的な疑いを向けざるをえません。たしかに、ユダヤ教の中には多くの遺産が、主として旧約聖書の中に今日まで保持されているという点は否定できません。しかも、ユダヤ教が存続してきたことが、その遺産の維持の上に成り立っていると、主張できるかもしれません。しかし、このことから、現在のユダヤ教の中に考察しうると思うことを旧約聖書にそのまま読み込むことができるという根拠は出てきません。旧約聖書と現代のユダヤ教との間には何一つ変わるものはないと考える人は、かつてあったことが、そのまま存在しているのではなく、何千年もの歴史、大きな変化、苦難と痛みの歴史があったことを見誤っています。

旧約聖書の初期の時代に生まれたばかりの若い民族が、歴史の連関の中に登場し、自らの土地に住み、自らの規律を持ち、国家を形成していた民が、二千年後の今は、拠りどころを奪われ、国家もなく分断されて各地に散らされ、外国人の中に――小さな集団として存在するにせよ、周囲の民族に同化されているにせよ――異国民となっていることを知るならば、このような過去を持つかつての時代の民が今日も同じでありうると考えるのはあまりにも愚かではないでしょうか。ギリシアの古典を理解するために、現代ギリシアについての研究が必要ではないように、旧約聖書の場合も変わりはありません。そしてまた、フリッチュやその読者たちがかけた反セム主義というメガネも旧約聖書の内実をはっきりとは見せてくれません。このメガネは事実の公正な見方を妨げ、歪め、視野を狭くするだけです。フリッチュはできれば自分の論拠に合うものを旧約聖書の中に見つけようとしますが、実際は、旧約聖書の宗教は錯綜した実情を示しており、後代もしくは現代のユダヤ教には適合しないのであり、旧約聖書と後代のユダヤ教とを史的に反してまで対等であるという考えは誤りであることをフリッチュすら認めざるをえないはずであって、普通の人であれば、彼の論拠が最初から誤っていると考えるでしょう。

しかし、このような結論は、ユダヤの特性はつねに変わらないという彼の基本的考察の放棄を求めるものであり、彼の構成を根底から揺るがすものであるから、フリッチュには受け入れることはできません。そこで、彼は強引な主張の助けを借りて、自分の前提に反する旧約聖書の事象を無視して説明しようと試みます。このような試みで重要な働きをするのが、彼が自ら言語直感、より詳しく言えば、はるかに異なる民族の言語の間に今まで知られていない関連を予感する能力と名付けているものです。直感には長所があることを否定する人はいないでしょう。しかし、学術研究にも当てはまるでしょうか。

この直感は、利益を生み出すために、正当な箇所において、つまり、それまでの研究方法が可能性の最後まで行き着いてしまったにもかかわらず、まだ事実が解明されない場合のみに用いなければなりません。直感は、学術研究を進めることのできる方法を生み出すためには必要でしょう。それに対して、学術的に明白で、客観的に満足のいく認識がひとたび得られたならば、直感には活動する場はもはやありません。そうでなければ、例えば、イタリアで、caldo（温水）と書かれている蛇口と freddo（冷水）と書かれている蛇口を見たイタリア語を知らないドイツ人が、ドイツ語とイタリア語は共にインド・ゲルマン語であり、共通していると考え、直感的に、caldo はドイツ語の kalt（冷たい）と同一であるという結論を出す場合と同じことになってしまいます。実際は、イタリア語の caldo はラテン語の caldis に由来する単語で、「温かい、熱い」という意味であることが分かっているのです。残念ながら、フリッチュの言語直感は、一貫して、このような不適切な領域で使われていることは述べておかねばなりません。なぜなら、彼はヘブライ語、その他、エジプト語とバビロニア語の単語や人名の由来をインド・ゲルマン語の語根から引き出し、その該当の単語が非インド・ゲルマン語に由来することが明らかに証明可能であり、または、すでに早くから証明済みであることには頓着しません。

このようなことは、フリッチュの学者ぶった趣味であり、旧約聖書についての彼の他の理解には影響しないとして、無視することもできるでしょう。しかし、実際は、彼の言語的な主張が、広範囲にわたる命題、とりわけ旧約聖書の宗教における事象解明の基礎となっています。彼は上に述べたような仕方で、とりわけ神の名称をインド・ゲルマン語の語根から引き出すことに熱中したのです。その結果、旧約聖書の中には、かつて想定されたような、統一的な宗教が存在するのではなくて、ヤハウェという真のセム的な神の崇拝の他に、多くの神々に対するインド・ゲルマン的な信仰があったと主張するのです。このように、フリッチュにとって、諸要素の選別が主要な関心事でした。なぜなら、彼は、旧約聖書の錯綜した事象、つまり彼の意見によれば、つねに変わらないユダヤ教の特性に適合する特徴と、適合しない特徴との併存を、いわば宗教史的に説明できると信じたのです。ただし、適合しない場合は、ユダヤの偽りの神ヤハウェに遡り、適合する場合は、インド・ゲルマンの良き神々に遡るのです。特に、旧約聖書に数多く出てくる「エロヒーム」という神表象は、フリッチュにとって、重要だったと思われます。彼は「エロヒーム」の中にドイツ語のLohe（光、輝き）という語幹を見出し、さらに、エロヒームは複数形であるから、太古の多神教を想起させると言います。しかし、エロヒームは、インド・ゲルマン語に由来を求める必要のない純粋のヘブライ語であって、しかも、これは、ヘブライ語または他のセム語において多くの用例があるように、複数を意味するのではなく、単数として好んで用いられています。したがって、この「神」を意味するエロヒームという普通名詞が、唯一の真の神としてのイスラエルの神ヤハウェに用いられている場合でも、フリッチュの意味するような宗教史的な二元論を推論する必要はありません。「エロヒーム」についての証言は、まさに固有名詞の「ヤハウェ」についての証言とまったく変わらないのです。しかし、両者が同じ神を意味するのであれば、なぜ、ある歴史記述者はエロヒームを用い、別の歴史記述者はヤハウェを用いたのでしょうか。ある歴史記述者は旧約聖書の初めでは、一定してエロヒームを用い、モーセが登場するまで、ヤハウェを用いません。神が自分の名前ヤハウェを、そこで初めてモーセに啓示されたからです。しかし、別の歴史記述者は、最初からヤハウェを用いています。それは、イスラエルでは、ヤハウェという名前で知られ、尊敬されていた神が、世界の創造者であり、歴史以前から歴史の統治者であるという確信を表現したかったからです。フリッツチュがヤハウェとエロヒームとの明白な対照を使って旧約聖書全体を究明しようとした試みはまったく無駄だったのです。しかし、イスラエルの宗教に、インド・ゲルマンではない、外国の宗教の影響が実際に確認されることについては、史的に見て、まったく別の問題です。

しかし、フリッツチュは、旧約聖書の民族の統合の中にも、自分の論拠を支えるものを見つけうると考えました。しばしば、とりわけ歴史著作の中では、イスラエルとユダとが対置されているではないか！　これは、両者の起源の違いを想定しているのではないか。フリッツチュは確信を持って、そのことを主張し、イスラエルは、パレスチナに古くから居住していた民族——その中には、インド・ゲルマン系の要素も欠けてはいなかったであろう——の一部であるが、ユダは別の人種の系統であって、外部からパレスチナに侵入し、イスラエルを一掃したと説明しています。しかし、この説明は、旧約聖書におけるイスラエルとユダの併存の意味を誤解しています。この併存は明らかに、諸部族がパレスチナの土地取得の後長らくして、政治的に組織された二つの王国のことだからです。したがって、これはまず歴史上の所産であって、フリッツチュがしばしば唱えるような、二つの集団の基本的に異なる由来を持つと言えるような、本来的に別々のものではなかったのです。実は、旧約聖書のそれよりも古い「部族」という用語は、イスラエルとユダを二つの王国と見なす見方には当てはまらないのであって、「イスラエル」は諸部族の連合体の総称であって、ユダはその最大の一部族とみなす見方の方が現在は広まっています。パレスチナに古くから住んでいた部族から、まず、イスラエル王国ができますが、本来、ユダとは少なからず異質であり、その中でヨセフの家（エフライムとマナセ）が荒野に出自があることは、旧約聖書の伝承では完全に明らかです。

したがって、イスラエルとユダの分離も、フリッチュがそれを支えにして考えたエロヒームとヤハウェとの分離も成り立たないのであり、旧約聖書の構成は史的な事実の歪曲であるという考えも、学問的には真剣には受け入れることはできません。それだけに、学術研究のために聖別されたこの場所で、これ以上長くフリッチュとの議論を交わすことに、責任が持てないので、以下の講演の中で、機会があれば、一つ二つ、まだ述べていないことについて触れることで十分でしょう。

さて、これからは、予告したとおり、現在の学術研究の水準に従って、旧約聖書について積極的に述べたいと思います。まるまる一千年紀にわたる波乱に満ちた歴史を包含する豊かな資料を取り扱うには、講義を分けて話す必要があります。しかも、多様な内容を、脈絡を失わずに、しかも互いの緊張関係を保ちつつ理解できるようにしなければなりません。そこで、私が最初に、イスラエルの初期時代に現れ、それ以降のことすべてを決定した基本的要素についてのみ語ることにし、ついで、第二の講演では、旧約聖書がその中心、頂点に到達したイスラエルの預言者たちが取り上げられ、第三の講演では、預言者後の後期時代に歴史が導いた最終の結果について述べることにいたします。私たち三人は、自分たちの対象を学問的に捉える仕方では一致しており、私たちがここで述べようとしていることについても、共通理解を持っております。

イスラエルの根底にあるもの

イスラエルは、古代オリエントの民族の中では、最も若い民族の一つでしかありません。イスラエルを古い民族、とりわけナイル、ティグリス－ユーフラテスの古代国家と肩を並べる民族と考えるのは誤りです。これらの民族は、イスラエルが荒野から新たに出てきて、歴史の中に登場した時には、すでに決定的大事業をなし終えていたからです。したがって、この新参者が、パレスチナにすでに住んでいた民から、そして、彼らを通して、エジプトやティグリス－ユーフラテスの諸民族から多くのことを学び、受容しなければならなかったことは、自明のことでした。しかし、この避けることのできない過程が、新しい入植者が先住民の中に完全に沈殿することによって終わりを告げたのか、あるいは、彼らがパレスチナの先住民に対して自己主張し、彼らとの対決を通して新しいものを造り出す独自性を持ち込むことができたかどうか、歴史家なら問わなければなりません。イスラエルの前にも後にも、多くの民が荒野から同じ道を通って耕作地帯に移住してきました。今日でも、自然環境の変化によるこのような現象は続いています。他の民の場合、時間の差こそあれ、古い民族の中にほとんど跡形なく埋没してしまいましたが、イスラエルの場合はまったく異なりました。そのことは、この地方の政治的な形成の前後を見るだけで十分明らかになります。イスラエルが入る前には、おびただしく無数の小国家が分立していました。例えば、紀元前二千年紀にエジプトのファラオのように外国の大国が略奪を行った時には、一時的に一致して、エジプトに対抗するだけでしたが、のちにイスラエルが入植した時には、パレスチナ全体を治める単一国家はたしかにまだ成立していなかったのですが、さして大きくはないとはいえ、国家の統合体が生まれていました。しかも、外部からではなく、内部から生まれたのです。古い先住の民からはこのような変革は生じなかったでしょう。彼らは逆に最後まで小国家の組織を守り、結局は破たんしてしまったのです。したがって、変革への推進力は、新しく侵入してきた集団に求めざるをえないのです。セム民族ではないペリシテ人たちはパレスチナの海岸平野に住み、内陸部をも支配しようとしたのですが、サウルとダビデによって、境界線にまで押し戻されてしまいました。したがって、決定的な意味を持つ西ヨルダン地方にとって考慮に値するのは、イスラエルのみでした。実際、イスラエルが、パレスチナにおける政治的な秩序形成に決定的な役割を果たしたことは伝承的に明らかです。また、イスラエルがパレスチナに前代未聞の国家的な共同体的自意識を生み出したのも明らかです。

このような彼らの特質の本質的部分はどこから来るのでしょうか。それは、彼らの人種的な特殊性からではないことは明らかです。人種的にはパレスチナ古来の住民と同じだったからです。また、文化的な特殊性でもありませんし、まして、政治的な組織でもないでしょう。荒野からそのようなものをもたらすことはないからです。ノマドとしての彼らにとって、部族が共同生活の最高の形態であって、パレスチナにおける国家形成は、これらの形態をはるかに超えるものでした。彼らの民族形成の問題は、彼らの宗教の独特な形態を見ることによってのみ明らかになるのです。パレスチナの古い住民の宗教の場合、宗教生活もばらばらでしたが、これに反して、部族の民は、本来荒野に起源を持ち、耕作地帯とはまったく異質のヤハウェの神を礼拝することで連合していたということに特徴があります。

もし、この連合体を、モーセという人物や、その荒野における最後の生活と結びつける伝承（出エジプト記一九―二〇章、二四章）、また、ヨシュアと、パレスチナでの生活開始と結びつける伝承（ヨシュア記二四章）が正しいとするならば、――おそらく、これらの二つの伝承は正しい想起を含んでおり、この成り行きの連続する段階を表しているでしょうが――諸部族のそれぞれの生活を超えるイスラエルという共同体意識の本来的な起源はここにあることは確かでしょう。この意識からのちに国家形成への試みがなされていくのですが、イスラエルとユダという二元国家の成立によって、不完全なものでした。しかし、あの連合は、事実、イスラエル的生活の基底であり、この見かけ上は単純でありますが、実は、歴史の中で、未来に力を与える一回的なことであったということを完全に明らかにしない限り、私たちは、旧約聖書も後代のユダヤ教も理解できないのです。

先ほど、この連合はヤハウェ礼拝を中心とする連合と述べましたが、これに欠かせないのが、聖なる場所における行事、それに参加する諸部族が行う祭儀的な行為のための規則です。これらは、古代の人々にとってきわめて重要なことであり、奉献、祝祭など、必ず共同で祝う行事でした。したがって、共同の聖所において、共同の神と定期的に出会うのが最善のことでした。このような共同的な連合は、必ずしもイスラエルに限られたものではなく、古代ギリシアやイタリアにもありました。ギリシアのアポロンの神を祀るデルフォイのポリスの隣保同盟は有名です［訳者註　隣保同盟はギリシア語でアンフィクティオニアと言うが、デルフォイのそれは、最初は十二、のちに二十四のポリスで構成された。このアンフィクティオニアの体系をイスラエルの十二部族連合に適用し、『イスラエル十二部族の体系』を公刊したのが、アルトの弟子のM・ノートで、この講演に先立つ一九三〇年のことである」。

しかし、ギリシアその他の場合には、参加するポリスは固有の神々を守護神として保持することが許されていたのに対し、イスラエルの場合、ヤハウェのみの礼拝は、共同の聖所のみならず、聖所を離れた、それぞれの部族、村々でも、各家庭でも要請され、他の神々を礼拝することは許されませんでした。このような基本的な要請に違反する者は、死に値するのであり、弾劾され、共同体から追放されました。このような違反行為によって共同体が脅かされることのないようにするためでした（出エジプト記二〇章三節、二二章一九節、申命記二七章一五節［ひそかに安置する者］、その他多数）。しかし、この基本法を実際に厳格に遂行することは簡単ではありませんでした。なぜなら、イスラエルは荒野でもそうでしたが、パレスチナに入ってからはますます、多くの神々を礼拝する民族に囲まれて生活し、したがって、さまざまな祭儀に参加するのは普通であり、昔からイスラエルも同じような傾向を持っていたからです。すべての場所、耕地、自然生活の現象は、すでに、これらの自然信仰の神々によって所有されており、したがって、旧約聖書の証言によれば、これらから離れて、遠くにいます偉大なるヤハウェのみを礼拝することは、非常に困難なことであったので、それに対する予防措置として、イスラエルの民はすべて、年に三度、——つまり、古代パレスチナの神々の祭儀においても最重要であった、農業生活の最高の時期に——ヤハウェの顔を見る、つまり、ヤハウェの聖所で、他の神々が狙っている畑の収穫の献げ物をするように命じたのです（出エジプト記二三章一四節以下、三四章二三節、申命記一六章一六節）。この祭りは、日ごろ、自分の耕地で、狭い範囲で暮らし、大きな関わりを簡単に忘れてしまうかもしれない小農民や牧羊者たちにとっても、民共同体と神共同体を繰り返し、直接に捉えることのできる、感動的な体験となったでしょう。

このイスラエルとヤハウェの結びつきは、聖なる局面だけに限られたものではありませんでした。その結びつきの排他性は、聖なる場所から遠く離れた、個々人の日常生活にも及びました。その聖性は、法、慣習、道徳のすべての領域を包み込み、民共同体のいかなる部分も、その絶対的な要請を免れることはできないのです。おそらくパレスチナの最古の聖所であったと思われるシケムのヤハウェの聖所で定期的に行われた行事を記している申命記二七章を一度読んでいただきたいと思います。ここでは、とりわけ十二の呪いの戒めの意義が明らかにされています。神の代理者としての祭司たちが、集合している民共同体に向かって、この部分を朗読すると、民は、それぞれの呪いの戒めに対して、当然のこととして、「アーメン」（たしかにそうです）と応答するのです（申命記二七章一五―二六節）。これは、民が聖所に滞在中になすべきことを語っているのではありません。彼らは、ヤハウェの意志に従って行動することに同意するのです。それぞれの呪いは、村、耕作地、さらに隣人ですら気づかないひそかな行為まで、自分たちの日常生活にまで及ぶのです。ここでは、祭儀は問題にされてはいません。むしろ、民同士の間、夫と妻、強者と弱者、両親と子供たちの間の関係が問題となっています。ここに列挙されているのは最も重大な犯罪だけです。法律集ならば、もっと軽い違反についても書かれるでしょうが、それらすべてを徹底的に挙げることはされてはおりません。しかし、ここで最も重大な違反とされているものは、最初から呪い、つまり、神と民との生活圏からの追放という罰が、たとえ秘密裏に行われた、世俗の裁判にはかけられないものであったとしても、用意されているということに、注目していただきたいのです。この短い数行の戒めが、民の秩序の境界線すべてを取り囲んでいることを認め、それ以上、個々の点まで展開する必要はないのではないでしょうか。

この十二の呪いの戒めに妥当することは、私たちのよく知っている「十戒」にさらによく当てはまるのです。ここでは、大部分、同じ事柄が扱われており、より断言法的であるとはいえ、十二の呪いの戒めと同じように、民をヤハウェの要請へとつねに繰り返し義務づけるために、聖所で用いられたと思われます（出エジプト記二〇章二―一七節、申命記五章六―一八（二一）節）。その文言は、この律法が直接イスラエルとヤハウェの結びつきから出ていることを、より明瞭にしています。もし冒頭の「私はヤハウェ、あなたの神である」という権威的な語りかけがないならば、「お前は……すべきではない」（本来的には「……しないであろう」）という定言の連続は、その意味も、力も、驚きも失ってしまうでしょう。イスラエルの法がヤハウェの要請として、民の存立を規定し、秩序づけていることについて、これ以上述べる必要はないでしょう。

ヤハウェは自ら、民が神の意志に従って生活しているかどうかを見張っておられます。法の神として、ヤハウェは正義と裁きの神でもあるのです。そこで、まず民全体について思いを馳せます。彼らがヤハウェに結びついているか、民の誰かがどこかで法に違反することによって、ヤハウェとの同盟が危険に曝されていないかどうか、見張っているのです。したがって、ヤハウェの戒めの重大な違反は、必ず、民全体に対する罰が結果として伴うのです。民全体の大惨事、飢饉、疫病、敗戦は、律法違反に対する処罰によるヤハウェの介入に遡るのです（例えば、サムエル記下二一章、二四章、アモス書四章六節以下）。このことは、法に対するイスラエルの理解に異常なほどの厳しさを与えています。見かけ上は、人々の間の関係だけの場合でも、神はつねに関わっているのです。したがって、法に熟達することは、イスラエルにとって最初から、祭儀と同じぐらい、いや、それどころか、より中心的に、聖的な事柄になるのです。

しかし、法が、ヤハウェを超えた存在として捉えられることはありませんでした。ヤハウェをその法の宣告者、執行者として用い、ヤハウェには自己の判断を許さないかのように、ヤハウェの本質と民への働きかけとは分離してはいませんでした。旧約聖書の神のイメージは、このような哲学的な空洞化からはほど遠いのです。ヤハウェは、法に対する揺るぎない意志を持って、裁きと怒りを発すると同時に、憐れみの情を抱き、恩寵を与えることのできる、人格的なものが一つになった存在です。まさに、この対照がもたらす最大の緊張の中で、イスラエルはヤハウェを彼らの主そのものとして体験し、畏れと信頼を同時に持ってヤハウェに出会わなくてはならないのです。大小、善悪、さまざまな神々を持ち、自分たちの体験のさまざまな原因をその場合に応じた神に求めることのできた他の民とは異なり、イスラエルはまったく異次元の場に立っていました。彼らの運命や世の動きを他民族のように解釈する方がよほど簡単だったに違いありません。しかし、そのような容易さは、統一性の不足という逆の面を持っていました。イスラエルはヤハウェの排他性の拘束を通して、このような道を避けることができたのです。彼らは自分たちの神の中に、すべての良き賜物の授与者とすべての嫌な裁きの与え主という、その両者を認めなければならなかったのです。すべての出来事をただ一人の神から解釈するという一貫性は、最初から要求されていました。したがってイスラエルは、彼らの神をとりわけ歴史の神として認識しました。たしかに、自然の力を意のままに動かす神ではあるのですが、この神の意志の決定的な活動領域は、彼の民とその他の民たちとに関して、最後には地上で起こる出来事を計画し、あらかじめ決定するところにあるのです。イスラエルの初期の時代には、神が戦いの場に自ら現れ、自然の力を招集することによって決着をつけたことが歌われました（ヨシュア記一〇章、士師記五章）。しかし、間もなくヤハウェの歴史統治の幾分秘密めいた方法が現れてきました。つまり、人々の間にいろいろな意見が生じたことです（士師記九章二三節）〔訳者註　口語訳は、ヘブライ語原文の「ルーアハ・ラーアー」をそのまま「悪霊」と直訳しているが、新共同訳ではこの箇所だけ「悪霊」ではなく「神は険悪な空気を送り込まれた」と訳している。「意見の相違が生じた」という面を考慮したからだろうか〕。彼らの決断が、地上的に見れば、出来事の成り行きに影響を与えているというのです（サムエル記下一七章一四節、列王記上一二章一五節）。とりわけ、偉大な指導者や、さらには王たちの召命・決定などの場合がそうでした（出エジプト記三章、士師記六章一一節以下、サムエル記上九章、その他多数）。したがって、国家形成期のイスラエルにおいて、つまり、紀元前十世紀においてすでに、歴史記述が開花したのも不思議ではありません。このような歴史記述は周辺の地域にはまったく存在しませんでしたし、そして、かなり後になってギリシアがやっとこれを上回ったのです。このことをより詳細に見る人ならば、この歴史記述の中に、イスラエルの宗教が歴史宗教の性格を持つことを明白に認めることができるでしょう。自然宗教には、これと同じ性格はありません。

ここから、イスラエルは、神と世界に対する彼らの姿勢をしっかりと刻み込み、決して忘れてはならない表現として、疑いなく旧約聖書の根底を形成する「ヤハウェによる選び」という確信も正当化しようとしたのです。しかし、この確信は、他の民族を凌駕するだけでなく、イスラエルの主であるはずの神すらも、自分の願望と気まぐれに仕えるものとして見下す愛国的な自負の所産と見なされがちです。もし、そうであるならば、（フリッチュたちは、そもそも宗教はみなそうだと主張するのですが）、イスラエルの宗教は人種が造り出したものであり、その民族的主張を神々の領域へと投影するものにすぎません。選びの信仰がこのような方向で解釈される可能性があったこと、また、実際に解釈されたことを、旧約聖書は明らかに述べています。しかし、同時に、その信仰の本来の意味が完全に誤解されて、まったく逆になっていることも事実です。なぜなら、イスラエルの選びという言葉で、ヤハウェが心を許して、イスラエルがヤハウェに対してどのような振る舞いをするかについては無関心の民族を犠牲にして、イスラエルの優位さと功績のために、歴史における自分の統治権を放棄し、他のまま、この民族のみに無条件で結びついていたと言われるはずがないからであります。もし、イスラエルがそのように考えたとしたら、イスラエルはヤハウェの聖性と正義についての確信を無視することになります。したがって、実際は、選びの信仰は最初から、そのような意味を持ってはいませんでした。たしかに、ヤハウェは父祖たちと契約を結んでおりました。もし、そうしなかったなら、イスラエル民族はそもそも存在していなかったでしょう。そして、その契約がいつか破棄されるならば、イスラエルの存在は、すぐさま否定されることはないにしろ、危険に曝されることになるでしょう。しかし、そこでは、ヤハウェがイスラエルの選びという行為を通して、その優位性を失ってはいないことが示されています。ヤハウェは、いかなる犠牲を払っても、この民の実存を確保するために、今後とも相手の意のままになる道具となることはありません。彼は、契約締結の場において、対等な相手でもなく、まして下位の相手でもありません。イスラエルは、神と民との生活共同体を成立させるためのイニシアティブをとるのはただ神のみであり、人は神の優位性のもとで、神の公正で恵み深い意志に従わなければならないことを、自覚しておりました。イスラエルの選びという行為は、歴史におけるヤハウェの絶対的な統治権を放棄するものではなく、それを確認する新たな取り決めであって、ヤハウェの究めがたい歴史計画に根付いているのです。

創世記の古い物語り手は、この秘密の幕を引き上げ、イスラエルの父祖の選びにおけるヤハウェの計画を露わにしようとします。しかし、彼は父祖物語から直接始めないで、創造物語から始めます。原初史［訳者註　創世記一―一一章で語られる物語のこと］の中で語られるそれぞれの物語は、人類の違反行為とヤハウェの裁きの連続です。それぞれの裁きの中で、ヤハウェの恵みが働かなかったとしたら、聞き手や読者は、そこでただちに、人類からもう一度、何か善いものが出てくるという希望を疑うでしょう。そして、事実、最後の「バベルの塔」の物語で、この疑念が勝利するのではないかと考えるでしょう。なぜなら、そこでも人類の違反行為と神の裁きが私たちの目の前で演じられるからです。その結果、人類はばらばらにされてしまいます。そこでは、神の恵みについては一切語られません。物語り手は、このような慰めのない局面の中で、イスラエルの基本的視点を忘れないのであればどのようにして父祖たちの物語へと移行する道を見つけ、彼らをより暖かい光の中へと招き入れるのでしょうか。彼は、アブラハムに対するヤハウェの最初の言葉でもって、その移行の橋を築きます。「あなたは、生まれ故郷、父の家を離れて、私の示す地に行きなさい。私は、あなたを大いなる国民にし、あなたを祝福し、あなたの名を高める。祝福の源となるように……地上の氏族のすべてがあなたによって祝福に入る」（創世記一二章一―三節）。私たちは、バベルの塔の物語の結末では聞くことのできなかった恵みの言葉を聞くのです。ヤハウェは人類をばらばらにしたにもかかわらず、自分の計画を決して断念することなく、アブラハムと共に特別な歴史を始めることによって、新たな始まりを決定されるのです。そして、その歴史は拡大し、最終的には再び、人類全体に及び、彼らに祝福が与えられることになるはずです。預言者のように、人類と歩む神の道の最初と最後とを俯瞰できるイスラエルの偉大な人にとって、神の民の特別な歴史はそもそも、イスラエルのためにだけあるのではありません。固い樹皮に覆われた樹木の幹の中にある樹液が上に到達しなければ、樹冠も開かず、果実を実らせることもできないように、密接に結びついたヤハウェとイスラエルの特別な共同体は、公正で恵みに満ちた神の歴史支配という全人類的な計画の中へと発展的に結びつけられているのです。イスラエルには、このような信仰思考の高みに付いていくことのできた人は多くはいなかったかもしれません。しかし、歴史のまったく異なる地点から概観しなければならないわれわれよりも、捉えやすかったのではないでしょうか。そして、また、私たちは少なくとも、その基本線だけを学んだにすぎないのですが、旧約聖書の根底をもって、キリスト教に至る真の入門が始まるということを理解する道を開くことができると言うべきではないでしょうか。

預言者たち

ヨアヒム・ベークリヒ

（省略）

結果

ゲアハルト・フォン・ラート

古代イスラエルの歴史は、その性質と宗教的な内容に従って、三つの期間に分けられます。初期の時代には、多くはありませんが基本的な概念が並んでいます。しかし、これらの単純な発端の時代に与えられたものは、前例のない発芽力によるものでした。さらに、預言者の時代は比類ない内容の時代として理解することができます。このような旧約聖書の人物たちと肩を並べられる人は、いかなる民族にも、いかなる古典にも、決して見ることができません。しかし、この旧約聖書は、全体的に見れば、実は、きわめて見栄えのしないものであって、その内容は奇妙なベールで覆われています。しかし、神によって、そのままの姿で歴史と諸民族の間を通ってその道を歩むよう、命じられたのです。――それは、全世界に明らかにされている栄誉であり、これらの人々と精神的個性の比類のなさであって、それが旧約聖書の明白な品格なのです。

しかし、この三番目の部分は何と呼べばよいのでしょうか。そもそも、この時代はまとまった精神的特質を持っているでしょうか。たしかに持っております。それを簡潔にまとめて追求することが今日の私たちの課題です。しかし、まず、最初に私たちは精神的特質に素因を与えた独特の歴史的状況を見なければなりません。

前五八七年、エルサレムは新バビロニアに占領され、破壊され、ユダ王国の住民の指導者たちはバビロンに拉致されました。前七二二年に同じようなことが、起こり、北王国イスラエルは歴史から消滅しました。消滅という同じように恐ろしいことが、ユダ王国に起こらなかったのは、なぜでしょうか。おそらく、希望なく敵国に拉致された人々の群れをまとめた、強い宗教の枠について、まず、最初に話すべきかもしれません。この大惨劇の直前に、イスラエルの最も重要な書物の一つが民に与えられました。その中には、神とその恵みに対する旧約の信仰の重要な部分が、卓越かつ印象深く書き留められています（申命記の本質的部分です）。さらには、この国家的な大惨劇を神の側から解釈し、まさにこのような状況にある民を神と結びつけようとした預言者たちを挙げねばならないかもしれません。しかし、大きな政治的な連関から見るならば、とりわけ、別の原因を挙げなければならないでしょう。エルサレムの占領後、四十八年目に、新バビロニア王国が崩壊しました。ペルシアが近東を支配したからです。インド・ゲルマン系が初めて聖書の舞台に登場したのは、この時です。ペルシアの王キュロスはユダヤ人の帰国を許可し、彼と彼の後継者たちは、エルサレム神殿の再建にさえ関心を寄せました。こうして、両者の意志は、この点に関して一致しました。そして、独特な社会的構造を持った形態が、パレスチナに構成され始めたのです。国家としての自立はユダヤ人から奪われ、ペルシア大帝国の一つの属州となり、そこでは、大王の願いにより、大王の幸いのために天の神に祈りが捧げられ、そして、神の律法に従って生きることが求められたのです。

私たちの多くは、旧約の律法という言葉を聞いたとき、不快感を持つかもしれません。そして、死滅した儀式やファリサイ的な細かな規則を思い出し、本質的なものに触れないで済ませてしまうでしょう。これらは、古い時代が信仰の中に、民に対する神の意志とみなした、社会的、宗教的生活の古い規則でした。部分的にはきわめて古い祭儀に関する規定の多くは、おそらく後の時代の人々にはまったく理解できなかったでしょう。しかし、これらの人々は、まさにこの律法に繫ぎとめられており、住民たちは、これらの規則が少なからずの妥当性を持つと考え、神がまだそれらを望んでおられると受け取ったのです。それどころか、この古い遺産の中に、彼らが、神のもとで生きるべき形が与えられたと考えたのです。ここから、私たちは、律法に対する大きな喜び、それを所有する特別な誇り、確固たる神の規律についての知識を理解できるのです。このことは、多くの詩編に多く述べられています（詩編一九編八節以下、一一九編）。

　私たちが、精神史的に、かなり特別な状況にあった捕囚後のユダヤ教の状況をその独自性の中で理解することに、すべてがかかっているのです。すべての国家としての存立を奪われていた集団が、妙に歴史のない空間の中で生活していたのです。まず、第一に、この民には、当然のことながら、国民生活における厳密な法律は残されてはいませんでした。国家的な存在の破壊とともに、本来あった創造的な力が失われてしまったのです。しかし、まさにこのことが、つまり、ペルシア大帝国の陰の下で静的な歴史のないあり方が、独特な仕方で、宗教的なものに集中する力を与えたのです。枠にとらわれず膨れ上がっていく創造的な精神力が治まることによって、すべての信仰遺産を受け入れ整理する空間が造り出されたのです。このような空間なしに、伝承されてきた信仰遺産を集成し、体系化することができなかったことは、自明のことです。もし、ユダヤ人がバビロンに残ったままであったならば、イスラエルの信仰と希望、さらに唯一の神についての知識は、この残った民と共に消滅してしまったでしょう。もし、私たちが神の摂理の前に立っていなかったならば、ただ単に生物学的な出来事について考える気になるだけでしょう。幼虫がさなぎになるときにすべての生命力を中へと吸い込んで、そして、その過程で死に至るようになるようなことが、その当時生起したのです。変容の過程が始まり、内部の変化が起こり、最後に、新たな形成力が解き放たれるのです。いくつかの例でもってそれを示したいと思います。

古代イスラエルは、ヤハウェを、彼の選びという非合理性において、体験しました。つまり、彼の歴史的力の中で、そして、彼の力強い意志の神聖性の中で体験したのです。たしかに、初期の時代に認識したようなこの神の排他性の要求がさらに増大したと考えることはできないでしょう。ヤハウェの妬み［＝排他性］と呼ばれてきたものは、後代においても、中心的な信仰証言でした。しかし、このような信仰概念では済まされなかったのです。かつては、コスモスに対するヤハウェの関係について論究する動機はなかったのですが、この時には、簡単な帰結が引き出されました。この妬みの神は、当然のことながら、全世界を創造した神なのです。この神は、創造的な力において、コスモスをカオスから引き出し、すべての被造物を形成したのです。聖書の冒頭に書かれているとおりです。しかし、そこから、それが旧約聖書の中心であると受け取ってはなりません。これは、人間の生活空間の隅々にまで信仰を照らし出すだけです。つまり、古い出来事から引き出される結論です。そして、そのことと、さらに重要な事柄が関わるのです！　この神のみを排他的に礼拝せよという要請です。他の民族と同様に、古代イスラエルにとっても、大地の力は神話的な現実でしたが、大きな節制とか、宗教的な規律を（邪）神化することを要求しないものでした。しかし、ヤハウェの力を体験した結果として、創造信仰を摂取することによって、この禁制が始まったのです。偶像、つまり、創られたものの神化は、かつては、宗教的試みそのものであったのですが、その呪縛性を失い、世界創造神への信仰の中では、笑うべきものになったのです。捕囚後に書かれた第二イザヤ書の中には、偶像を造る作業が描き出されています。「木は薪になる。人はその一部を取って体を温め、一部を燃やしてパンと肉を焼き、その残りの木で神を造ってそれにひれ伏し、木像に仕立ててそれを拝み、祈って言う。『お救い下さい、あなたは私の神』と」（イザヤ書四四章一六節以下、四一章七節）。

それはただ既存の線を引き伸ばしただけと言ってもよいのでしょうか。それとも、もしかして、ぜんぜん自明のことではないと考えるほうが良いのでしょうか。過去数十年にわたる教会闘争を見れば、いかに良く見ても、私たちはエロスすなわち国家、またはその他の被造物の神化に対する激しい戦いの中にいます。つまり、私たちはこれを限りなく確実に嘲笑する立場には立っていなくて、誘惑が私たち自身の中にまだ多く存在しているのではないでしょうか。

そして、信仰が、神とコスモスの関係について答えるよう求めたように、信仰はまた歴史のすべて、世界を支配する国々の絶え間のない対決の連続を、神に結びつけるよう求めるのです。ヤハウェがすべての被造物を支配する神であったから、諸国民の世界の成立、消滅を、神の支配領域から取り除くことはできなかった。創世記一二章に書かれていますように、ヤハウェの計画は、遠くイスラエルの範囲を超えており、アモスは、神の支配を諸国民の歴史の中に見ています。これは、預言者の千里眼以上のものであり、天才的な即興ではなく、信仰の根本から出てくるものです。

さらにあの後代の預言者（イザヤ書六三章）が歴史の中に働く神の力ある業をおぞましいイメージの中に見ています。彼は、衣の下から血を滴らせながらやってくる一人の人を幻の中で見ます。「エドムから来るのは誰か、ボツラから真っ赤な衣を身にまとってくるのは誰か。なぜ、お前の衣服は、酒盥でぶどうを踏みつぶす者のように赤いのか。人々を踏みつけたのはヤハウェだ」。諸国民を酒盥で踏みつけているのはヤハウェです。――おそらく私たちは、まこと、歴史の中を洞察する、このようなリアリティを前にして驚きを感じるでしょう。たしかにもっと適切なイメージを使うことができたかもしれません。しかし、本当に驚くべきことは、私たちにはダメージに対する信仰が欠けていることです。つまり、歴史の中における直接的な神の業への信仰が欠けていることは明らかです。したがって、一方に歴史が、他方のどこかに神の業があるというように分かれているのではなく、諸国民を呼び出すことの中に、神は直接働いておられるのです。世界史のすべての出来事を神に直接結びつけようとする冒険が、ここでは、ほとんど表現主義的な気分を持ったイメージの中に表現されているのであり、これは、ダニエル書では、信仰における落ち着いた洞察になっています。ダニエル書二章の四種類の金属からなる巨像の夢を想起してください。これらは歴史の中で交代していった世界帝国を指しています。しかし、神の国は人の手に拠らずに、石から切り出されています。この石が金属の巨像をばらばらに打ち砕き、自身は大きな山となって全世界を埋め尽くすのです。かくして、世界帝国と神の国は、ここでは、あからさまに対立するものとして見られています。これは、ダニエル書七章では、より暴力的に描かれています。ここでは、著者は私たちをもう一度カオスの原始の海へと導くのです。そして、神がまだ創造的な力によって形作っていない素材から、神話的な動物を次々と登場させます。恐るべき眺めです。これらの世界帝国は再び大淵に沈んでいきます。神の国はこのようなカオス的なところからは出てきません。これは聖者の国であり、天の雲からやってくるのです。

ここでは、世界帝国と神の国との関係がきわめてペシミスティックに考えられています。神の国はそれら世界帝国からは出てくることはありえませんし、それだけでなく、神の国は、世界帝国とはまったく逆に、不変であると人々は考えています。この著者が私たちをカオスの海の前に立たせ、そこから諸帝国を登場させて、すぐまた、その中へと戻す様子を見せたとき、ただちに、神はカオスからも被造物を造り出されたという創世記一章一節を思い浮かべるべきではないでしょうか。歴史の中には――これはダニエル書の信仰であって、私たちはそのことを理解すべきなのですが――、神が行う業に反抗しようとするカオス的なものがまだ存在しているのです。しかし、この信仰は、神がその国をすべての帝国を超えたところに実現されるという確固たる信念なのです。神は世界帝国のそれぞれに時を与え、時間の区切りを与えられたのです。

このようにして、古代イスラエルの信仰の発端が、最後は、首尾一貫して、明白に仕上がるのです。基本的には新しいものは何一つありません。一つの信仰の視点が、膨大な次元において展開されるのです。この神の恩寵の中に庇護されているという熱い感情から形成された多くの詩編が存在しています。その中でも、詩編四六編よりも力強い詩編はないでしょう。

「神は私たちの避けどころ、私たちの砦、苦難の時にも、私たちの傍らにおられ、必ず私たちを助けてくださる。私たちは決して恐れない。たとえ地が煮え立ち、山々が海の真中で揺らごうとも。大波をどよめかせ、泡立てよ。山々を激しく揺れ動かせよ。万軍のヤハウェが私たちと共におられる。ヤコブの神は私たちの砦。

諸国の民が騒ぎ、国々は揺らぐ。神が雷を鳴らされると、大地はひるむ。来て、ヤハウェの業を見よ。何という不思議をこの大地になされたことか。彼は地の果てまで戦いを断ち、弓を砕き、槍を折り、戦車を焼き払われる。自らを捨て、私が神、私が全世界に勝利することを認めるがよい。万軍のヤハウェが私たちと共におられる。ヤコブの神は私たちの砦」。

神が歴史を完全に支配されるという信仰、つまり、そこで起こるすべての現象もまた神に帰せられるという信仰は、私たちの時代にも静止することはありません。いかにこの信仰が働き続け、これらの人々の思考の中でしっかりと繋ぎとめられている点について、旧約聖書の中でも珍しい書、すなわち、歴代誌に即して示すことができます。この歴史著作は、アダム以下、捕囚後の時代まで続く、長い長い系図の羅列で始まっています。しかも、九章までも埋め尽くされているのです。この系図の内容の史的な信頼性を過小評価すべきではありませんが、この果てしなく長い系図は、家族の系図とはまったく別のことを知らせてくれます。イスラエルでは、諸国民の大波がカオス的なもの、その最内部のところでは、神に敵対するものとして見られていたことを、今一度、思い起こしてください。つまり、言葉の本来の意味で、救いのなさを見ていたのです。この大波の中できわめて危険な箇所、つまり、二つの大陸をつなぐ橋の上にユダヤの信仰集団は、完全に無防備で、民族のるつぼの中で起こる紛糾に度々さらされながら住んでいたのです。これは実に絶望的な状況でありました。それにもかかわらず、神はその大いなる約束を守られているのでしょうか。どうも、そのようには見えません。

なぜなら、そのように訊ねる人々が、そもそも、神による追放という大きな裁きの中で明白な「否！」（Nein!）を言い渡された人々の子孫であったからです。子孫であることは、何の慰めにもなりませんでした。彼らはどうしたのでしょうか。彼らができた唯一のことは、神が彼らの祖先に与えられた大いなる約束を想起することでした。この決して倒れることのない約束を中心に彼らはしっかりと結びついたのです。この果てしない名前の列は、絆を表しています。この系図によって、後から生まれてきた者たちは、先祖と同じように神とその約束に連なることができたのです。おそらく、これは信仰行為であり、神の約束の変わることのない有効性への信仰でした。この約束はアブラハムの子孫に与えられたのですから、倒れることはありません。したがって、これもまた、まったく新しいものでもありませんし、決して創造的な概念でもありませんでした。古い信仰の応用であって、ほとんど楽観主義へのきっかけを見出せない状況の中での真剣な行為だったのです。

歴代誌的著作の冒頭で、このような働きをしている信仰は、この歴史著作の中で、きわめて珍しい点に到達しました。それぞれの歴史記述は実際の歴史的体験との関係を持つことによって可能だということは、誰でも知っています。歴史を体験し、自ら歴史を作った国においてのみ、歴史記述が存在します。しかし、この捕囚後の集団は、いかなる歴史も体験せず、ほとんど歴史のない空間の中で生活していたのです。このような集団の中で歴代誌的著作が書かれたのです。ここで、大きな混乱に至らざるをえませんでした。なぜなら、他方では、この民は自分たちの歴史を神の視点で眺め、解釈することを止めることができなかったからです。歴史的体験という、有益かつ必要な平衡力と修正力が欠けているため、歴代誌では、信仰が独断的に要請する歴史しか書かれなかったのです。したがって、著者は、はるか昔の出来事を自分の信仰からのみ考えうるような形で描いたのです。神に対して罪を犯した王に、いずれは神の罰が下されるはずであり、万が一にも、下されないということは、歴代誌の著者には考えられなかったのです。しかし、例えば、あの邪悪なマナセ王が異常なほど長くダビデの王位についていたという話は、歴代誌史家自身にも彼と同世代の人々にも有名でした。そこで、歴代誌史家は、マナセが自分の偶像信仰を悔いたから、長く王位にありえたと述べています。よく言われるように、これはたしかに史的ではありえません。まったく特定の信仰から再構成されたものです（歴代誌下三三章と列王記下二一章を比較してください）。

ここで何が問題になっているかを明らかにしようと思います。私たちが長い時間をかけて語ってきたことは、イスラエルが歴史をただ単純に、それ自体から理解し、評価しているということではありません。そうではなくて、イスラエルの歴史考察にとって、つねに二つの事柄、歴史と神が重要であったということです。しかし、この二つの一方が欠けた場合どうなるでしょうか。今見てきたように、緊張関係の中で、歴代誌史家には実際の歴史的体験、非合理的な歴史事実についての見解が欠けており、その場合には、この緊張関係は壊れてしまいます。もう一つの要素、つまり、神が過重になってしまいます。その場合には、歴史に対する神の関わりについての話が、神学的教条主義に陥る危険が生じるのです。

この点について、旧約聖書には、歴代誌的著作と際立って対立する書物があります。これもまた、疑いなく捕囚期後のユダヤ思想から出てきたものです。古代イスラエルの信仰が別の側面から検討されています。すなわち、コヘレトの言葉です。この際立った神学者は、一瞬たりとも、神の排他性を疑いません。すべてのことは神から来ます。「神は良い日も悪い日も、併せ創られた」(コヘレトの言葉七章一四節)。神が世界全体の絶対的な主であるということより、確かなものはありません。しかし、それにもかかわらず、深い懐疑主義がこの書を貫いています。どうしてそうなるのか。歴代誌的著作とはまったく逆に、コヘレトは、まず、第一に、人生の事実に固執します。いや、彼は事実への畏敬の中に立っています。あたかも、彼はこう言っているかのようです。お前たちは「足の速い者が競争に、強い者が戦いに必ずしも勝つとは限らない。時と機会は誰にも臨む」(コヘレトの言葉九章一一節)ことを認めなければならない。まさしく、そうではありませんか。そして、こう続けます。「奴隷が馬に乗って行くかと思えば、君侯が奴隷のように徒歩で行く」(コヘレトの言葉一〇章七節)。「私は改めて、太陽の下に行われる虐げのすべてを見た。見よ、虐げられる人の涙を。彼らを慰める者はない。見よ、虐げる者の手にある力を。彼らを慰める者はない」(コヘレトの言葉四章一節)。この人生ではまさにこのとおりです。この男もまた昔は、神の道を世界の中に認めることができる、私たちがよく使う言葉で言うならば、「人生の意味」を見つけることができると考えていたことを知るならば、まさに感動的です。旧約聖書的に言うならば、人は賢くありうる。しかし、すべては「風を追う」ようなものだ(コヘレトの言葉一章一七節)。まさに、この大いなる楽観主義は、歴代誌史家もまた、ある意味で、この楽観主義の中に立っているのですが、個々の人生の宿命や、出来事の道程の中に、神の計画を認めるという楽観主義は、コヘレトからはまったくなくなってしまっています。コヘレトの言葉は、まさに極端であり、旧約の信仰証言の周辺に位置しています。しかし、ほとんどすべての古代イスラエルの信仰証言の中に、何らかの仕方で含まれてきたものが、ここにおいて、最終的な形でまとめられ、すべてに通用するものとして固定されたのです。つまり、神は隠れた神であり、そして、私たちが、この神を信じても、この世の謎を明らかにし、快適な仕方で、人生の不協和音を取り除いてくれる手ごろな道具にはならないのです。一言で言うならば、信仰が神の主人を僭称してはならないという戒めをこの書はいつの時代でも示しているのです。

したがって、歴代誌的著作とコヘレトとは、対極に位置する著作です。信仰が、宿命の形成するものに身を任せることを欲しない場合には、つまり、信仰が力と確信とを持つ場合、神の具体的な言葉に固く立ち、それを盾にして主張する場合には、――しかし、それとは逆に、実際の生活はまったく別に見え、神の約束には対応していないということが無視できない場合、つまり、理論的に言えば、具体的な出来事の中に神の道を見出そうとする歴代誌的著作の強靭な意志が、事実への無条件の畏れと衝突するとき、深い苦悩の戦いが生じるのです。

このような衝突を示す文書の一つがヨブ記です。この書では、そもそも人生の最終的な根底が問われ、苦難の問題が、世界の歴史の中で、これまでかつてないほどの鋭さで繰り広げられます。苦難から意味を引き出そうとする単純な試みは、もみ殻のように飛び散り、人生は無意味であり、苦難には謎が多く、人間はすべて消滅するという確信が、読者の心の中で徐々に大きくなるのです。そして、ヨブの肉体的苦難は、本来的苦しみですらなく、神に対して確信を持てないということが苦しい試練なのです。神は、ヨブを襲ったすべての苦難によって、ヨブの非難に封印を押したのかどうか、ヨブの絶望的な皮膚病の中に、神が彼に対して「否」（Nein）を語っているのかどうか、そのような限りなく続く問い、それがヨブの苦しみです。したがって、ヨブ記の中でまず差し当たり、民族や個人の人生の中で生起するすべての出来事、すべての運命は直接神に帰せられるという古いイスラエルの良き信仰が、徹底的に検証されるのです。しかし、ヨブは、それにもかかわらず――最終的には、超人的な信仰闘争が落着するのですが――救済の神を放棄することはせず、ほとんど信仰の分裂に至るのです。なぜなら、このドラマの頂点で、ヨブは狂気的な理屈で、神に訴えるからです。彼は力を絞り――彼は死の波に呑み込まれそうになりつつ――、彼に自然上の具体的な苦難の運命を与えた神ではなく、救済の神に呼びかけるのです。「大地よ、私の血を覆うな、私の叫びを閉じ込めるな。この時にも、天には、私たちのための証人がおり、高い天には、私を保証する者がいる。私の友が私を嘲けろうとも、涙に満ちた私の目は、神を仰ぎ見る。彼が、神に反する人に裁きを与えられるように」（ヨブ記一六章一八―二一節）。そして、そこで、より確実で、より落ち着いた言葉が語られるのです。「私は知っています。私を贖う人は生きておられる」（ヨブ記一九章二五節）。この方が最終的な方であり、最終的な言葉を語られるでしょう。ヨブの問題については、いかに語っても、限りがないでしょう。しかし、ただ、この書の中で、かつての古代イスラエルの信仰の要素が、いかに働き続け、促進してきたこと、そのことは強調しておくべきでしょう。一つは、人間の具体的な生行為を、ただ神のみの行為として無条件に承認することであり、今一つは、神の約束を断念するとか、見捨てることはできないということです。この二つの要素は、歴代誌においても、コヘレトにおいても、分けられずに存在していたのですが、このヨブ記においては、無秩序に並べられており、そのことが、ヨブ記の怖さを示しています。なぜなら、ここでは、神は本当に神なのか、この神は私たちの神なのか否かの問いが、捕囚前の発端の状況をはるかに超えて追求されているからです。

ヨブ記が解決策を与えてくれないこと、せいぜい、問題提起からの解放でしかないことは、子供でも知っています。つまり、神はすべての理解を超えて、正しく振る舞う方なのです。しかしながら、このような理解は真の解決ではないのです。これが、ヨブ記が力ずくで自分の枠を越えて指し示そうとした理由です。このことは、私たちにとって、とりわけ重要な点です。私たちは、捕囚後の時期に、大いなる信仰概念が、いかに形成され、ある意味、体系化されたことを学びました。つまり、伝承されてきた遺産について、カタストローフの茫然自失の状態ののちに、さらに仕事を進め始めたかを学んだのです。この仕事の再開は、決してガス抜きの仕上げではないのです。大きな緊張と問題とを平均化して「静止・に・至らせる」ことではまったくなく、むしろ、時にはその逆に、尖頭化・先鋭化することでした。これは、はるか遠くを指し示し、旧約聖書の向こうにある解決を迫ることです。この超人主義的なヨブ記は、諦念的な懐疑主義のコヘレトと同様、実際的な解決を持っていないのです。このことは、それぞれの旧約聖書について示そうと思えば、できるでしょう。そこで、私たちにとって、最も重要な点は、旧約の信仰がそれ自体では完結しないのであり、自らの外に解決を迫るということにあります。古い神学用語を用いて言えば、旧約聖書の信仰は預言なのです。

さて、私たちキリスト者にとりわけ身近な一点を、ごく手短に示したいと思います。つまり、古代イスラエルは、モーセの中に、超人的な形姿とエネルギーに満ちた人物を見ました。ちょうど、あのミケランジェロが見たような人物です。後代になって成立した申命記では、モーセのイメージは奇妙なほどに変化して、別の特徴が出てきています。モーセは、とりなし手として、民のために神と向き合い、同時に、神と民との間の空間へと飛び込み、約束の地に入る手前で、自分の死を賭してさえ、代理者として苦しむのです（申命記一章三七節、四章二一節、九章一三節）。いったい何が起こったのでしょうか。それは、非常に簡単なものです。人々は、神と民との間の関係について熟慮したのです。神と民との間に立つ者は、仲保者であり、その仲保者は苦難を受けなければなりません。預言者の場合でも、そのプロセスは同じです。アモスは民に対してただ厳しい告訴者でしたが、後代のエレミヤは民に関して苦難を受けています。なぜなら、神と民との間に立たされ、彼の人生は殉教者のようになったからです。つまり、言葉だけでなく、人生も苦難も神を証言しているのです。そして、あの苦難の僕について述べている預言者は、「われわれは思い違いをしていたのだが、われわれに平安があるように、われわれの苦難を担い、われわれに代わって痛みを担った」苦難する仲保者の必要性を明らかに知っていたのです（イザヤ書五三章四節以下）。彼が後になって、この殉教者に注目したこと――彼は明らかに、彼の時代に起きた出来事の影響のもとに立っていたのですが――それが本当の解決でしょうか。いや、まったく違います。これも、一つの預言です。

以上、偉大な発端と初期時代の諸概念の創造的な編集の時代について、簡単に述べてきましたが、その後に疲労の時代が続きます。信仰要素の組織的な徹底検討と編集が停止した時期、むしろ、継承したものと検討されたものが、完結したものとして、次の時代に受け渡す時期が来るのです。これ以降――これは大きな違いなのですが――、神、世界、歴史、民、未来についての信仰概念が創造されることなく、固定化し、陳列されるだけになりました。およそアレクサンドロス大王の時代に始まるこの新しい過程は、今日まで、まだ続いています。最初は、神の言葉が力強く働いていたすべての書が蒐集されました。もちろん最初に古い書物が、そして、古い書に加工が施された、より新しい書物が集められ、これらの書物は注意深く外界との境界が定められ、神の啓示を含まない書物とは区別されました。これらは、貴重な収納箱の中に束ねられ、封印されました。正典という鉄の輪っかが嵌められ、神と共にある民の歴史の膨大な遺産が一つにまとめられ、飛散することのないように保護されたのです。この遺産は、いったい誰に移譲されるのでしょうか。

当然のことながら、まずはユダヤ教がこの遺産を受け継ぎ、実に、数多くの学者たちが参加した何世代にもわたる解釈活動を通して、旧約聖書はわれわれのものだと主張し、証明しました。この解釈作業はタルムードという形でまとめられたのです。T・フリッチュは、彼の著作の中で、このタルムード的精神がそのまま旧約聖書のそれと同じであると述べていますが（Theodor Fritsch, "Der falsche Gott"）、それは大きな誤りです。旧約はわれわれのものだという後期ユダヤ教の主張に対して、数でも、学識でもラビのグループとは比較にならない、まったく別の新しいグループが旧約を主張したときには、この誤りは、ますます大きくなります。それは、若いキリスト教の集団・弟子たち・イエス自身でした。――ニーチェは、この主張を「未聞の文献学的道化芝居」と呼び、「ユダヤ教徒たちは旧約聖書を自分たちのものとして横領していたが、旧約聖書にはキリスト教的な内容以外のものは何も含まれておらず、真のイスラエルの民としてのキリスト者のものであると主張して、ユダヤ教徒の財産から奪い取る試みであると、私は考える」と述べています（クレーナー版全集四巻、三一一頁以下『曙光』）。この問題を、このように鋭い照明の下で静かに考察することは、たしかに有益でしょう。

もしかして、そうすることによって、この過程の異常さを学ぶ人もいるかもしれません。しかし、これは、何世紀も前にすでに完結した宗教的遺産であり、信仰的財産なのです。しかし、この中には、希望と預言的な展望が含まれていましたので、いったい誰にこの遺産が委譲されるのか、いったい誰のところでこの約束が成就するのかという問いが、簡単に止むことはありませんでした。その遺産相続に二人の候補者が立っていて、妥協することなく、旧約聖書を自分のものだと主張しています。ユダヤ教とキリスト教、どちらが正しいのでしょうか。

旧約聖書に関する三回の講演の最後に、奇妙な隘路に入ってしまいました。講演においては、多くの歪みが訂正され、これらの古いテキストが偏見のない解釈を通して理解されるようになりました。こうして、私たちはそれに好感を持つか、驚きを感じることができるのです。しかし、まだ信仰の中での旧約聖書については語られてはいません。旧約聖書は説教壇でも、学校でも、病床でも読まれています。このように、旧約聖書と肯定的に関わることはすべて、次のような問いと密接に関わっています。つまり、旧約聖書をわがものとしたいというイエス・キリストを中心とする集団の要求が、ユダヤ教に対して正当なものであったのか否かという問いです。もちろん、イエスとユダヤ教との関わりをそもそも否定し、別の意見を持つ人を、「心理学的事実」への無理解者のようにみなすフリッチュのように（前掲書二四頁）、この問いに対して否定的な意味で答えることは、もちろんありえません。イエスについて私たちに語る人々は、イエスをダビデの末裔とみなします。福音記者マタイは、イエスの誕生と死の箇所を形式的に旧約聖書の言葉と絡ませ、ほとんど単調に「聖書が成就するためであった」と書いています。フリッチュは、「もし、キリスト教が旧約聖書と関係があれば」ヤハウェの名が新約聖書の中には出てこないのは変ではないかと言いますが（前掲書六五頁）、事実は、不思議なことに、まったく逆なのです。古代ヘブライ語がギリシア語に翻訳されたとき、ヘブライ語の「ヤハウェ」は一貫して「キュリオス＝主」と訳されたのです。このギリシア語の翻訳を使用した福音記者と使徒たちは、――フリッチュの想定とはまったく逆に――このキュリオスの箇所をイエスと関係づけたのです。最初の福音記者や使徒たちが、どのようにして旧約聖書をイエスと結びつけたのか、私たち後代のキリスト者には大きな驚きです。旧約聖書のヤハウェの箇所をキリストに結びつける解釈は、弟子たちがキリストのために行った想定しうる最も完全な［旧約聖書のキリスト教への］取り込みと言えるでしょう。

しかし、ユダヤ教の側からも、今も昔も、旧約聖書はキリスト教のものだという主張に対して異論が唱えられています。ユダヤ人の宗教的指導者であるマルティン・ブーバーは、原始キリスト教団が、イスラエルに与えられた召命から飛び出したと非難しています。さらに、最初期の原始キリスト教団は、イスラエル内での働きという使命を持っていたにもかかわらず、それを否認したのであり、彼らがユダヤ教から分離することによって、ユダヤ教を空疎化してしまった結果、母なる大地から、約束に満ちた力が隔離されることによって、ユダヤ教の方が硬直化の状態に陥ってしまった。そして、キリスト教は世界に出て行き、諸国民を獲得したのであるが、イスラエルとその約束を失ってしまった。したがって、イスラエルのみが「神との直接性に対して真実を失わない教団」であると、ブーバーは語っています（M・ブーバー『ユダヤ教の精神』六九頁）。この真剣な思想は、私たちに対して、今一度、旧約聖書をめぐる格闘を表しています。このことは、旧約聖書に対する私たちの主張が正しいか否かの問いがどちらに転ぶか紙一重の状態にあることを、私たちに教えてくれます。誰が真の神の民であるのか、誰に対して、旧約聖書に書き留められている神の約束が与えられているのでしょうか。しかし、ブーバーの場合、イエスの人格の扱い方は、注目に値します。キリスト教の新しさや、イスラエルの使命からの逸脱は、イエスとは関わりなく、原始キリスト教団、とりわけ、パウロと関わりがあると見ています。悔い改めを呼びかけたイエスは完全にユダヤ教の中に立っていると、ブーバーは言います（前掲書三三頁以下）。しかしながら、彼のこの判断によって、一つのことが明らかになります。つまり、イエスを旧約聖書から分けることが明らかに不可能だということです！　イエスはキリストであったという新約聖書の基本命題を否定し、イスラエルの数多くの偉大なラビの一人にすぎないと認めること、イエス・キリストに唯一の救いがあるという信仰を、イスラエルの信仰を狭めるものとみなすこと（前掲書五五頁以下）、その方が、イエスを旧約聖書から分離するよりも簡単でしょう。しかし、このことが、旧約聖書に関する問いの中で最も重要な問いに至るのです。旧約聖書に関する最も困難な問いです。つまり、旧約聖書はユダヤ人に属するのでしょうか、それともキリスト教会に属するのでしょうか。それは、ただキリストにおいてのみ決定されるのです。イエスがキリストであるならば、彼とその教団は旧約聖書の相続者です。イエスがキリストでないならば、彼はただ、後からやってきた預言者、イスラエルの教師でしかありません。原始キリスト教団の人々が旧約聖書のあらゆる信仰と約束を、彼のみに結びつけたのは誤りであり、今の教会もまた原始キリスト教団と共に誤っているということになります。なぜなら、旧約聖書の何も成就してはおらず、メシアを待望するシナゴーグの方が、正当な相続者だからです。

この講演シリーズは、今日、旧約聖書に関して人々を駆り立てる問題に答えるために準備されました。私たちも、本質的なことに答え、誤りを正すことができると考えていました。しかし、最後に、それでもなお、私たちの答えと修正のすべてが、基本的に、誰からも奪われてはならない中心的な問いへの導入としての意義を持つことができたかについて、いかなる不明瞭さがあってはならないと思います。そこで、私はあえて皆さんにもう一度、古い福音書の問い「あなたがたはキリストのことを、どう思うか」(マタイによる福音書二二章四二節)を問い返したいと思います。なぜなら、この問いに答えることによって、皆さんの旧約聖書に対する立場が決定されるからです。私たちが旧約聖書に腹を立てる度合いに応じて、私たちがキリストにも腹を立てていることが明らかになるはずです。そこには、分離も回避もありません。私たちは、パウロの言うように、「鏡におぼろに映っている」ことから出て、はっきり見たいと思っています。しかし、旧約聖書はモーセについて、考えさせられる話を述べています(出エジプト記三三章一八節以下)。モーセがシナイ山からの行進について神と語っているとき、不意に、神に願いごとをします。「どうか、あなたの栄光を見させてください」。しかし、神は拒まれます。「生きている者は誰も、私の栄光を見ることはできない。なぜなら、私を見る者は誰であれ、死なねばならないからである。しかし、私は、お前の側を通り過ぎ、『私は憐れみ深く、恵み深い』と叫ぼう。そして、お前は、私のうしろを見ることができる。しかし、私の顔を人は見ることができない」。ここには、旧約聖書の全体が語られています！　神の栄光を私たちは旧約聖書の中では見ることはできないのです。しかし、私たちは、神の恵みの言葉を聞くことができるのです。そして、旧約聖書を読むならば、神がイスラエルの民と共に歴史を通して歩まれた特別の道で、神の後姿を見ることができるのです。

原題　Führung zum Christentum durch das Alte Testament, Verlag von Dörffling & Franke, Leipzig, 1934.

編訳者あとがき

最初に出会ったフォン・ラートの著作は『旧約聖書神学Ⅰ』（一九五四年初版）であった。一九五九年購入のメモ書きがドイツ語原書表紙裏に書かれている。『旧約聖書神学Ⅱ』は、一九六一年に購入した。いきなり、従来の旧約聖書神学研究の一大転回点をなすフォン・ラート神学の集大成に出会ってしまったのである。その後、このような彼の業績の原点である「六書の様式史的研究」を中心としたいくつかの論文を『旧約聖書の様式史的研究』の書名で翻訳出版したのが一九六九年であった。『旧約聖書神学』の翻訳は、Ⅰが一九八〇年、Ⅱが一九八二年である。このとき、すでに「ゲアハルト・フォン・ラート自分自身について語る」が公表されていたにもかかわらず、迂闊にも、この後半に語られていたことにほとんど注目しなかった。私にとっては、「様式史」によって分析・構築された「六書の成立」というフォン・ラートの学的成果がより重要であったからである。しかしながら、そもそも「様式史研究」で重要なことは、その「様式」が歴史の中で占めていた「生活の座」（Sitz im Leben）を、あらゆる文書や資料の中に求めることにあるはずであるとすれば、そのことはまさに、研究者のそれにも当てはまるということに思いが至らなかったことについては、私自身の研究姿勢の甘さに原因があったと言えるだろう。そして、今回、ようやく彼の講演録を通して、また諸論文の再読を通して、彼の論文の「生活の座」であったイェーナ時代に多少とも迫ることができた。今回、翻訳した講演録は、彼の旧約聖書に対する愛情の発露の原点がイェーナ時代にあることを示している。

一九六四年から一九六五年のハンブルク大学神学部留学、さらに一九七八年から一九七九年、ハイデルベルク大学神学部で研修生活を過ごした時は、まだドイツは東西に分かれており、東側のかつての動向について調べる方法はほとんどなかったことは事実である。事実、旧東ドイツの諸大学の公文書館が公開されたのが、一九九〇年のドイツ統一以後である。二〇〇六年から二年間、機会あってハイデルベルク大学の日本学科で、「日本における宗教と美術の関係」のゼミを担当したおり、書店で偶然、S・ヘシェル『アーリア人イエス』とホスフェルト他編の『戦闘的学問――ナチ時代のイェーナ大学の研究』という大部の論文集を見つけたことが大きい。戦中のイェーナ大学神学部の有り様が詳しく書かれていたからである。異様な空気の中で、フォン・ラートが旧約学に関する研究を進め、また、旧約学講座の廃止への道に歯止めをかけようとしつつ、大学外での講演に時間を割いていたことを窺い知ることができた。

彼は、決して大上段から「反セム主義」に反対したのではない。キリスト教には旧約聖書が不可欠であることを地道に説いたに過ぎない。そこには、旧約聖書に対する愛情が通底している。しかし、その愛情は決して保身的ではない。保身的だったのは、かえってナチに協力し、「反セム主義」の旗を振ったドイツ・キリスト者であったと言えよう。

この翻訳のもとになった講演録は、講演会で語られたそのままの筆記録そのものではない。多くは、講演のための原稿ないしは、後から整理されたものである（註がつけられている講演はそのことを示している)。講演会の具体的な雰囲気がどのようなものであったかは想像するしかないが、格調高いフォン・ラートの文体をあえてやさしく翻訳してみた。どれだけ成功しているか自信がないが、旧約聖書の重層性がもつ面白味を知っていただくための試みである。新約聖書よりは、はるかに歴史に根差した神の行為を描く旧約聖書の歴史書や預言書、さらに人生を語る知恵文学から得られることは多い。そのことを読者の皆様に知っていただくべく、どの部分であれ、旧約聖書を手にされる縁になれば、つねに「翻訳」は語り手の思いの「橋渡し」と考えている訳者にとって、これにまさる喜びはない。

旧約聖書を擁護したのは、フォン・ラートひとりではなく、多くの研究者、牧師がいたことは自明のことであり、同時に、反セム主義に同調する書物も多く存在しており、そのいくつかに対する、ラートの批評のすべてについて言及することができなかったのは、心残りであるが、いくばくも残されていない年月をこれらの整理に充てたいと願っている。

本年十月三十一日は、フォン・ラート先生没後五十年の記念日に当たる。その記念すべき年に、本書を世に送り出すことは、この上ない喜びである。

本書の発行は、多くの方々のご協力なしにはありえなかった。教文館の渡部満社長と、編集者の高木誠一氏、資料収集のために時間を割いてくれたドイツの友人たちに心から感謝を申し上げたい。

二〇二一年一月

荒井章三

《編訳者紹介》
荒井章三（あらい・しょうぞう）
1936年福井県生まれ。京都大学文学部卒業、立教大学大学院文学研究科（組織神学専攻）博士課程修了。ハンブルク大学留学。神戸松蔭女子学院大学教授、学長を歴任。現在、同大学名誉教授。
著書　『ユダヤ思想』（共著、大阪書籍、1985年）、『新共同訳聖書　旧約聖書注解Ｉ』（共著、日本基督教団出版局、1996年）、『ユダヤ教の誕生――「一神教」成立の謎』（講談社選書メチエ、1997年、講談社学術文庫、2013年以降）。
訳書　H. リングレン『イスラエル宗教史』（教文館、1976年）、G. フォン・ラート『旧約聖書の様式史的研究』（日本基督教団出版局、1969年）、『旧約聖書神学Ｉ、Ⅱ』（日本基督教団出版局、1980年、1982年）、K. コッホ『預言者Ｉ、Ⅱ』（共訳、教文館、1990年、2009年）ほか多数。

ナチ時代に旧約聖書を読む――フォン・ラート講演集

2021年3月31日　初版発行

編訳者　荒井章三
発行者　渡部　満
発行所　株式会社　教文館
〒104-0061 東京都中央区銀座4-5-1 電話 03(3561)5549 FAX 03(5250)5107
URL　http://www.kyobunkwan.co.jp/publishing/
印刷所　モリモト印刷株式会社

配給元　日キ販　〒162-0814　東京都新宿区新小川町9-1
電話 03(3260)5670　FAX 03(3260)5637

ISBN978-4-7642-6746-6　Printed in Japan

©2021　落丁・乱丁本はお取り替えいたします。

教文館の本

G. フォン・ラート　山吉智久訳

古代イスラエルにおける聖戦

B6判 194頁 1,800円

旧約聖書に描かれた戦争は、いかなる戦争であり、どのように遂行され、また理論的変化を蒙ったのか。1951年の発表以来、旧約聖書の「聖戦」に関する研究の中で、最も基礎的な文献に数えられてきた名著。訳者による、その後の研究史を付加。

A. ファン・リューラー　矢澤励太訳

キリスト教会と旧約聖書

四六判 188頁 1,800円

旧約聖書はキリスト教会にとってどのような意味をもつのか？　旧約聖書をキリスト論的視点から解釈するにとどまらず、創造論の文脈に位置づけることで、従来の枠を打ち破る、斬新かつ挑戦的な旧約聖書論を展開した名著。

加藤常昭編

ドイツ告白教会の説教

A5判 508頁 4,600円

ナチズムの暴政に抵抗したドイツ告白教会。その運動に参加した牧師たちはヒトラーとの闘いを通じて聖書を説き、キリストを紹介する意味を再発見した。その説教と共に「説教のための黙想」を生み出した「説教論」も収録。

K. コッホ　荒井章三／木幡藤子訳

預言者I

B6判 340頁 2,427円

預言者の徹底した社会批判と祭儀批判は、人類史上初めてのものであった。彼らの神は、歴史を超えながら歴史に意味を与え、よりよい倫理的未来を求める、生の根源力としての神であった。預言者の語った使信の核心に迫る。

K. コッホ　荒井章三訳

預言者II

B6判 384頁 2,700円

旧約聖書にその言葉を文書として残している預言者について歴史的・総合的に考察し、その思想を明らかにする。現代の預言者研究において不可欠な基本文献！　第II巻ではエレミヤ、エゼキエル、第二・第三イザヤらを取り上げる。

W. H. シュミット　木幡藤子訳

旧約聖書入門

(上)イスラエル史・五書・歴史書 3,500円
(下)預言・詩・知恵 4,500円

これまでの「緒論」とは異なって、「イスラエル史」と「緒論」と「神学」とを兼ね備えた最新の入門書。研究の成果だけを提示するのではなく、学説を支える根拠を明示し、それをめぐる論議を展開し、読者の参加をうながす。

W. H. シュミット／W. ティール／R. ハンハルト
大串 肇訳

コンパクト旧約聖書入門

四六判 382頁 2,800円

旧約聖書の緒論(各書の著者・成立年代等)と神学・イスラエル史・パレスチナ考古学・セプトゥアギンタ(七十人訳聖書)の各テーマを、それぞれの第一級の専門家が解説。旧約聖書を本格的に学び始めたい人の必携の1冊。参考文献32頁、図版29点。

上記は本体価格（税別）です。